袁府
正宗 特产
袁府驴肉
徐水县佳康食品有限公司

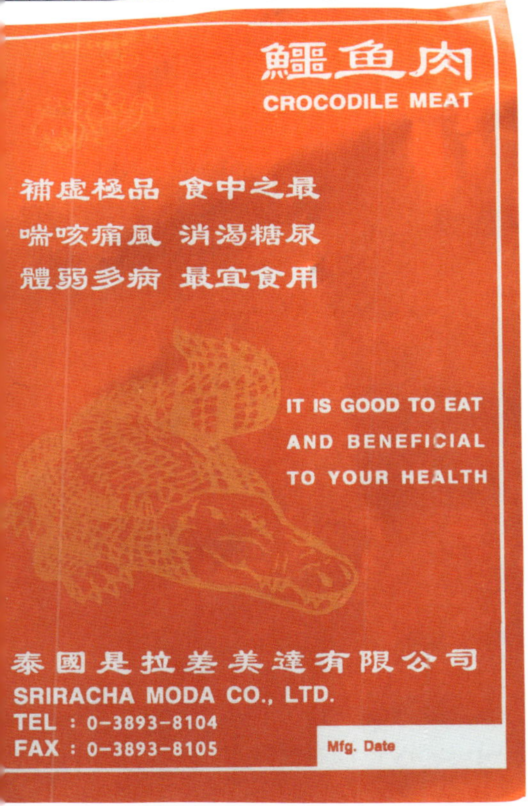
鱷鱼肉
CROCODILE MEAT
補虛極品 食中之最
喘咳痛風 消渴糖尿
體弱多病 最宜食用
IT IS GOOD TO EAT
AND BENEFICIAL
TO YOUR HEALTH
泰國是拉差美達有限公司
SRIRACHA MODA CO., LTD.
TEL : 0-3893-8104
FAX : 0-3893-8105
Mfg. Date

W0288897
EMU
SOFT JERKY
30g NET

PORK SPLEEN/PACK
ม้าม,ตับเหล็ก/แพ็ค
2040560017000002007
ปริมาณสุทธิ 0.200 กก. หน่วย
วันที่ผลิต 04.12.09
วันที่หมดอายุ 07.12.09
บาท/กก. 85.00
฿17.00
338
4056

IGITT!

NEIL SETCHFIELD

IGITT!

Was Menschen alles essen

Aus dem Englischen von Ulrike Kretschmer

KNESEBECK

Inhalt

Einleitung 7

Knusprige Insekten 15

Seeungeheuer 45

Von Kopf bis Fuß 93

Würzige Echsen 157

Geflügelte Spezialitäten 185

Reste-Essen 215

Was mir entkommen ist 238

Weiterführende Literatur 238

Einleitung

Dass Essen ein überlebensnotwendiges Grundbedürfnis ist, dass unser Körper Nahrung braucht, um zu funktionieren, wissen wir alle. In den westlichen Zivilisationen ist dieses Bedürfnis heute leicht zu befriedigen, und oft steht uns sogar eine riesige Auswahl an Lebensmitteln zur Verfügung. Wir haben allgemein akzeptiert, dass Produkte und Gerichte, die uns in Restaurants, Supermärkten und anderen Lebensmittelgeschäften angeboten werden, einer Norm entsprechen. In anderen Teilen der Welt besteht zwar das gleiche Bedürfnis nach Nahrung – doch die gültigen Normen sehen dort teilweise ganz anders aus.

Im Laufe meiner Reisen um die Welt wurde mir allmählich klar, dass wir im Westen zwar vehement darauf bestehen, uns bewusst und eigenverantwortlich zu ernähren, dass das Ernährungsverhalten der Menschen aber im Grunde genommen rund um den Globus den gleichen Grundmustern folgt: Der Mensch aß und isst fast jedes Teil fast aller Tiere, deren er habhaft werden kann – vorausgesetzt, er überlebt die Jagd. Ob Ziegenhoden in Indonesien, Ochsenzunge in Großbritannien oder Schafspenis in China – stets geht es um eine Bereicherung des Speiseplans durch Fleisch. Was allerdings variiert – und was mich interessiert –, sind die verschiedenen Bewertungen, die Nahrungsmittel in verschiedenen Kulturkreisen erfahren.

In diesem Buch soll der Frage nachgegangen werden, warum ein und dasselbe Gericht dem einen als köstlich und dem anderen als ekelig erscheint. Individuelle Vorlieben spielen dabei sicher auch eine Rolle, ausschlaggebend aber sind die jeweiligen kulinarischen Traditionen. Zudem zeigen sich in diesem Buch einige als völlig »normal« geltende Lebensmittel in einem neuen und überraschenden Licht.

AM ANFANG WAR DIE SPINNE

... und zwar eine Vogelspinne, um genau zu sein. Mit Knoblauch und Ingwer gebraten waren die Beine sehr knusprig, doch das klebrige, schwarze, zähflüssige Innere schmeckte irgendwie nach ... Wagenschmiere, um ehrlich zu sein, auch wenn manche Leute behaupten, das Aroma erinnere an Krabbenfleisch. Zu diesem Zeitpunkt hatte ich allerdings noch keine Ahnung, worauf ich mich da einließ.

Ich reiste gerade durch Kambodscha, als ich eines Abends in Phnom Penh aus einer Laune heraus ein Paar gebratene Vogelspinnen in einer Garküche kaufte. Eigentlich wollte ich sie nur fotografieren, nicht essen. Auf dem Weg zurück ins Hotel kehrte ich in einer Bar ein, um etwas zu trinken. Die Kellnerinnen lachten, als sie sahen, was für Leckerbissen ich da gekauft hatte, und nannten mich spontan »Spiderman« – während sie gleichzeitig versuchten, von den Köstlichkeiten zu naschen. Von da an riefen sie jedes Mal, wenn ich an der Bar vorbeikam: »Achtung, hier kommt der Spiderman!«

Erst als ich die Spinnen durch den Sucher meiner Kamera betrachtete, wurde mir klar, dass ich einem interessanten Phänomen auf der Spur war. Da lagen sie vor mir in all ihren scheußlichen Einzelheiten: Aus den zerschmetterten Köpfen sickerte eine Flüssigkeit, stachelige Haare starrten an jedem der gebrochenen, verdrehten Beine, kleine Knoblauchstückchen klebten am Körper – eine einzige klebrige, widerliche, zähflüssige Sauerei. So etwas also essen die Leute! Von da an kaufte ich mir jeden Abend eine andere exotische Knabberei auf der Straße – und sammelte in meiner Stammbar weitere Spitznamen wie »Frogman« oder »Snakeman«. Die Kellnerinnen hielten mich sicher für verrückt – und ich selbst tat es auch –, doch ich wusste, dass meine Bilder eine fantastische Story ergeben würden.

串1元
2元

Am meisten faszinierte mich, wie diese ungewöhnlichen Lebensmittel durch den Sucher meiner Kamera auf mich wirkten. Ich hatte die Gerichte von *Michelin*-besternten Küchenchefs fotografiert, doch die Erregung, die ich angesichts der einfachen, unkomplizierten Art, in der diese Spinnen präsentiert wurden, empfand, war unvergleichlich. Diese exotische Straßenküche war Lichtjahre von der sogenannten *Grande Cuisine* entfernt und so schlicht, wie gutes Essen eigentlich sein soll: kein Schäumchen, kein Espuma, kein Jus, sondern einfach »Schlange am Spieß« oder »Kuhhufsuppe«. Der Name der Gerichte war meist prägnant und signalisierte: »Es ist das und das, so und so zubereitet. Iss es oder lass es bleiben.«

Nach meiner Rückkehr nach London erntete ich meist ein »Igitt!« als Reaktion auf meine Fotos, auf die die Kambodschaner fast ausnahmslos mit einem »Lecker!« reagiert hatten. Das ermutigte mich zwar, bedeutete aber auch, dass ich noch viel mehr Material brauchte, damit das Projekt funktionierte. Gewiss würde ich in jeder Ecke der Welt »seltsame« Lebensmittel finden, nicht nur auf den Straßen von Kambodscha. Bei Gesprächen über ein ganz anderes Projekt erwähnte ich die Fotos meinem Verleger gegenüber – und begab mich alsbald auf eine Reise durch die verschiedensten surrealen kulinarischen Landschaften.

IN MEINER MINIBAR LIEGT EIN HUNDEKOPF

Nicht immer gab es einen direkten Weg zu meinen Motiven. Manchmal reagierten die einheimischen Köche etwas pikiert auf mein Ansinnen, ihre Kreationen zu fotografieren, etwa in den Hundefleischrestaurants im vietnamesischen Hanoi, was vielleicht an der Praxis westlicher Medien liegt, mit dem Finger auf die Essgewohnheiten anderer Völker zu zeigen. Das bedeutete, dass ich die Gerichte kaufen und mit ins Hotel nehmen musste, um sie zu fotografieren. Ich wanderte oft stundenlang durch fremde Straßen und sah dabei aus wie ein typischer Tourist – nur dass meine Einkaufstaschen voller Hunde, Ratten und Schlangen waren. Was die Zimmermädchen über den Inhalt meiner Minibar dachten, werde ich wohl nie erfahren.

Allein die verschiedenen Gerichte ausfindig zu machen, war eine Herausforderung. Obwohl ich vor meinen Reisen stets ausgiebig recherchierte, entdeckte ich einige Gerichte rein zufällig. In Vientian in Laos traf ich am Straßenrand auf eine kleine, ältere Dame, die frische Kräuter und Obst neben einem Haufen geräucherter Ratten feilbot. Ich kaufte ihr ein Paar ab, was sie keineswegs zu überraschen schien.

Faszinierend auch die Monster aus der Tiefsee! Sowohl in Tokio als auch im südkoreanischen Busan werden Kreaturen verkauft, bei denen ich mir selbst angesichts der Fotos nicht sicher bin, ob es sie wirklich gibt: alles, was man sich an glotzendem, schleimigem und sich windendem Getier überhaupt nur vorstellen kann. Ich kostete Seescheide und Seegurke, lehnte aber Delfin, Wal und Schleimaal ab. Letzterer ist nicht nur äußerst unschön anzusehen, sondern schmeckt auch wirklich ekelerregend. Seine Haut ist von einer dicken Schleimschicht bedeckt, die natürliche Feinde und Fotografen gleichermaßen abschreckt.

WAS DEM EINEN SEIN PFUI, IST DEM ANDEREN SEIN HUI

Eines der Ziele dieses Buches ist es, klarzustellen, dass Schmackhaftigkeit eine höchst subjektive Kategorie ist. Ich selbst wuchs in Wales mit einigen Leibspeisen auf, angesichts derer man andernorts die Nase rümpfen würde. In Milch gekochte Kutteln waren für mich ebenso kulinarische Norm wie Blutwurst und »Laverbread« (pürierte Algen auf Toast). Letztendlich bestimmen Herkunft und Erziehung auch die Reak-

tion auf die Bilder in diesem Buch. Einigen Betrachtern läuft das Wasser im Munde zusammen, anderen wird flau im Magen. Ich persönlich lehne in dieser Hinsicht jede Wertung ab. Vielmehr möchte ich erreichen, dass jeder, der sich die Fotos ansieht, darüber nachdenkt, was Essen eigentlich ausmacht. Was wir »eklig« finden, ist für viele andere vielleicht ein leckerer Snack oder schlicht ein Mittel zum Überleben. Und schließlich wollte ich kein Kochbuch schreiben, sondern dem Leser nur eine Möglichkeit bieten, etwas, das wir für selbstverständlich halten, einmal mit anderen Augen zu betrachten.

ANMERKUNG ZUM TEXT

Jedem der folgenden Beiträge ist vorangestellt, wo das abgebildete Lebensmittel oder Gericht gekauft wurde, gefolgt vom Namen und einer kurzen Beschreibung der Zutaten, des Herkunftsgebiets und – gelegentlich – einer Beschreibung zur Zubereitung.

KNUSPRIGE INSEKTEN

DONG-HUA-MEN-NACHTMARKT, PEKING, CHINA

Heuschrecke am Spieß

Der Dong-Hua-Men-Nachtmarkt gilt als das Mekka für Liebhaber exotischer Gerichte und ist bei Besuchern und Einheimischen gleichermaßen beliebt. Heuschrecken – ob am Spieß oder in anderer Weise zubereitet – gelten in vielen Teilen Chinas und Südostasiens als Delikatesse, unter anderem in Vietnam und Malaysia.

STRASSENMARKT, PHNOM PENH, KAMBODSCHA

Käfer

CHATUCHAK-MARKT, BANGKOK, THAILAND

Bambusmaden

Früher sammelte man die zu den Mottenlarven gehörenden Bambusmaden direkt von den Bambuspflanzen, heute werden sie auf speziellen Farmen gezüchtet und auch mit biologisch angebautem Gemüse und Getreide gefüttert. Nach der »Ernte« werden die Maden schockgefroren.

In ganz Thailand sind Bambusmaden ein beliebter Snack; man nennt sie dort *rot duan* (Schnellzug), weil sie sich für Maden erstaunlich schnell fortbewegen – aus Sicht der Maden allerdings nicht schnell genug. In Geschmack und Konsistenz erinnern sie an Maisflips, haben aber einen viel höheren Nährwert. Die fettarmen Maden enthalten viel Eiweiß und Ballaststoffe. Roh genossen sollen sie eine leicht halluzinogene Wirkung haben.

ZUBEREITUNG UND SERVIERVORSCHLAG

Die Maden im Wok in wenig Öl bei hoher Temperatur kurz anbraten, herausnehmen und mit etwas Golden-Mountain-Sauce (aus dem Asialaden) und Thai-Pfeffer würzen. Dazu schmeckt ein kühles Bier.

DONG-HUA-MEN-NACHTMARKT, PEKING, CHINA

Bienenlarven am Spieß

Die Zubereitung dieses Snacks nimmt weit mehr Zeit in Anspruch als der Verzehr. Jede einzeln Larve muss vor dem Braten sorgsam auf den Spieß aufgefädelt werden.

ZUBEREITUNG UND SERVIERVORSCHLAG

Nach dem Anbraten in sehr heißem Öl mit Salz und Pfeffer abschmecken und nach Belieben mit anderen Gewürzen bestreuen. Alternativ können die Bienenlarven auch mit Sojasauce und Zucker gebraten werden.

DONG-HUA-MEN-NACHTMARKT, PEKING, CHINA

Dickschwanzskorpion am Spieß

Achtung: Dieses Gericht kann Spuren von Gift enthalten! Obwohl der Skorpion in der Natur zweifelsohne zu den großen Überlebenskünstlern gehört, landen doch manche Exemplare auf Lebensmittelmärkten in China und Vietnam. In Peking gilt der Dickschwanzskorpion als der »Hummer« unter den Skorpionen und wird entsprechend teurer gehandelt als etwa sein Verwandter, der Gelbe Mittelmeerskorpion (siehe Seite 28). Der Verzehr eines Dickschwanzskorpions – außen wunderbar knusprig, innen schön saftig – ist eine kulinarisches Erlebnis, das Sie sicherlich nicht so bald vergessen werden. Ob Sie den Stachel mitessen oder nicht, bleibt Ihrem persönlichen Geschmack – und Wagemut – überlassen.

DONG-HUA-MEN-NACHTMARKT, PEKING, CHINA

Libellenlarven am Spieß

DONG-HUA-MEN-NACHTMARKT, PEKING, CHINA

Tausendfüßler am Spieß

BANGKOK, THAILAND

Grillen

Die gemeine Feldgrille wird in frittierter Form in ganz Südostasien als Delikatesse geschätzt, ist aber vor allem in Thailand beliebt und dort als *jing leed* bekannt. Insbesondere die in den Bars und Clubs von Bangkok arbeitenden Mädchen und junge Transvestiten strömen in ihren Pausen zuhauf auf die *sois*, die Straßen der Stadt, um eine Handvoll der würzigen Knabbereien zu erstehen.

Doch nicht nur dem Menschen bereitet das Insekt kulinarischen Genuss: Lebende Grillen werden auch von fleischfressenden Tieren wie Fröschen, Echsen und Spinnen gern verspeist.

ZUBEREITUNG UND SERVIERVORSCHLAG

Kurz in sehr heißem Öl im Wok anbraten, herausnehmen und mit Golden-Mountain-Sauce (aus dem Asialaden) und Thai-Pfeffer würzen.

DONG-HUA-MEN-NACHTMARKT, PEKING, CHINA

Skorpione am Spieß

Für diese Köstlichkeit verwendet man Gelbe Mittelmeerskorpione, die zu den giftigsten ihrer Ordnung gehören. Bevor sie lebend gebraten werden, zappeln diese Tierchen noch etwas an ihrem Spieß – na ja, dann weiß man wenigstens, dass sie frisch sind.

DONG-HUA-MEN-NACHTMARKT, PEKING, CHINA

Libellen am Spieß

Die auch als »Garnele des Himmels« bezeichnete Libelle steht sowohl in China als auch in Indonesien auf der Speisenkarte.

DONG-HUA-MEN-NACHTMARKT, PEKING, CHINA

Witchetty-Made am Spieß

Witchetty-Maden gehören sowohl roh als auch gegart zu den Grundnahrungsmitteln der australischen Ureinwohner. Da sich die Maden gerne in die Wurzeln von Bäumen und Sträuchern bohren, um an den Pflanzensaft zu gelangen, sind sie nicht immer leicht zu finden. In China muss man nur auf die Nachtmärkte gehen, um die frittierten Köstlichkeiten am Spieß zu bekommen.

DONG-HUA-MEN-NACHTMARKT, PEKING, CHINA

Bockkäfer am Spieß

Wie bei vielen der in diesem Buch vorgestellten Delikatessen bedarf es auch beim Bockkäferspieß beachtlicher Fingerfertigkeit, um die Insekten auf die langen, auch für Kebab verwendeten Spieße aufzufädeln. Der Koch bohrt den Spieß mit erstaunlicher Akkuratesse durch jeden einzelnen Käfer – an einem Ende hinein und am anderen wieder heraus.

PHNOM PENH, KAMBODSCHA

Skorpionschnaps

Skorpionschnaps wird in ganz Asien in Flaschen verschiedener Größen und Formen angeboten. Wie auch der Schlangenwhisky (siehe Seite 180) wird er vornehmlich von Geschäftsleuten als Mutprobe getrunken und gilt außerdem als Aphrodisiakum. Für den besonderen Kick wird dem Schnaps manchmal – in einer größeren Flasche – auch eine Schlange hinzugefügt.

DONG-HUA-MEN-NACHTMARKT, PEKING, CHINA

Seidenraupenlarven am Spieß

Seidenraupenlarven werden in vielen Teilen Asiens verzehrt, unter anderem in Kambodscha, China, Laos, Thailand und Vietnam. In Korea *beondegi* genannt, werden die Larven überwiegend von Straßenhändlern verkauft, sind aber auch als Dosenware im Supermarkt erhältlich. Da die Larven fettarm, aber reich an Eiweiß und essenziellen Aminosäuren sind, wurden sie von chinesischen Ernährungswissenschaftlern bereits als ideale Astronautennahrung für lange Weltraummissionen angepriesen. Ein kleiner Schritt für die Insektenheit?

PHNOM PENH, KAMBODSCHA

Vogelspinne

Die Vogelspinne zunächst durch festes Drücken auf den Körper – auf den ihren, nicht den eigenen – töten, dann die Beißklauen entfernen und entsorgen. Die Spinne gründlich waschen und mit etwas Zucker in Chiliöl marinieren. Einige Knoblauchscheiben im Wok mit wenig Öl knusprig braten und herausnehmen, die Spinne in den Wok geben und mit einem Spritzer Sojasauce kurz anbraten. Beim Verzehr ist Vorsicht geboten: Der Körper der Spinne kann beim Hineinbeißen aufplatzen und Hand und Gesicht des Gourmets mit einem Schwall schwarzen, übel riechenden Sekrets bedecken.

BANGKOK, THAILAND

Weberameisen

Ihren Namen verdanken diese Tiere ihrem außergewöhnlichen Nestbauverhalten. Dabei arbeiten sie als Team zusammen und errichten ihre Nester aus Blättern, die noch an der zugehörigen Pflanze hängen. Sie »weben« die Blätter mit der Seide ihrer Larven ineinander. Die Kolonien der Weberameisen können eine beträchtliche Größe erreichen und bestehen häufig aus mehr als einer halben Million Arbeitern und über hundert Nestern.

Im nordöstlichen Thailand schätzt man die Tiere und ihre Eier als kulinarische Spezialität. Da sie ein wenig bitter schmecken, werden sie oft als Gewürz in anderen Gerichten verwendet, ebenso aber auch pur – roh oder gebraten und pikant abgeschmeckt – genossen. Wie viele Insekten sind auch Weberameisen ausgesprochen reich an Protein und dazu fettarm. Um den täglichen Eiweißbedarf zu decken, muss man allerdings eine ganze Menge der kleinen Krabbeltiere verzehren.

HANOI, VIETNAM

Würmer

Auf vielen Straßenmärkten Hanois werden die über-, um- und durcheinander kriechenden Würmer gleich eimerweise lebend und nach Gewicht verkauft. Allerdings nur einen Monat lang im Herbst, denn zu dieser Zeit winden sie sich zur Paarung an die Erdoberfläche und sind leicht zu »ernten«. Einen Teller voll sich krümmender Würmer wird man Ihnen wahrscheinlich nicht kredenzen, dafür sind sie aber wichtiger Bestandteil vieler anderer Gerichte.

ZUBEREITUNG UND SERVIERVORSCHLAG

Die Würmer mit kochendem Wasser übergießen und anschließend mit dem Hackmesser zu einer pastosen Masse verarbeiten. Die Masse mit Hackfleisch anderer Herkunft, klein geschnittenem Gemüse sowie Kräutern und Gewürzen vermengen, zu kleinen Bällchen formen und kurz in etwas Öl braten.

SEEUNGEHEUER

JAGALCHI-FISCHMARKT, BUSAN, SÜDKOREA

Seeohr

Die essbare Seeschnecke, auch *Abalone* genannt, kann bis zu zwanzig Zentimeter lang werden und kommt in den meisten Küstengewässern vor. Das Seeohr sieht zwar nicht unbedingt salonfähig aus, zählt aber zu den begehrtesten und teuersten Meeresfrüchten der Welt. Es kommt in ganz Asien auf den Tisch und ist besonders in Japan beliebt, wo es zu Sushi oder *Mizu gai*, einer Art Sashimi, verarbeitet wird. Andernorts erachtet man das Fleisch des Seeohrs als zu zäh, um es roh zu genießen und es wird vor dem Garen plattiert. Außerdem kann man Seeohren getrocknet oder als Dosenware kaufen.

Da das Seeohr in großen Meerestiefen lebt, ist es nicht leicht, seiner habhaft zu werden, so dass schöne Exemplare auf dem Markt exorbitante Preise erzielen. In Japan werden Seeohren traditionell von *Ama* »geerntet«, Frauen, die ohne Sauerstoffgerät in große Tiefen tauchen können, Neoprenanzüge tragen, um länger im Wasser bleiben zu können, und meist mit ihren Ehemännern zusammenarbeiten.

TOKIO, JAPAN

Dorschmilch

Fischsperma wird in Form der mit Samen gefüllten Keimdrüse der männlichen Tiere auf der ganzen Welt gegessen. Manche Feinschmecker glauben aber, es handele sich um Rogen (die Eier des weiblichen Fischs), wenn ihnen die als »Fischmilch« bezeichnete Spezialität auf Toast serviert wird. Insbesondere in Japan genießt Fischmilch als *Shirako* (»weiße Kinder«) eine hohe Wertschätzung.

GEDÄMPFTE MILCH VOM DORSCH, FÜR ZWEI PERSONEN
120 ml Dashi (japanischer Fischsud), 2 TL Sojasauce, 1 TL Mirin (japanischer Reiswein), 30 g Fischmilch vom Dorsch, einige Stränge getrocknete Wakame (Braunalge), einige fein geschnittene Frühlingszwiebeln

Dashi, Sojasauce und Mirin verrühren und in zwei kleine Schüsseln geben. Fischmilch halbieren und jeweils eine Hälfte in eine Schüssel legen. Mit Wakame und Frühlingszwiebeln bestreuen und zugedeckt fünf bis sieben Minuten bei geringer Hitze dämpfen. Sofort servieren.

DONG-HUA-MEN-NACHTMARKT, PEKING, CHINA

Krabben am Spieß

DONG-HUA-MEN-NACHTMARKT, PEKING, CHINA

Seestern am Spieß

JAGALCHI-FISCHMARKT, BUSAN, SÜDKOREA

Tintenfisch

Lassen Sie sich vom Namen des Tintenfischs nicht in die Irre führen. Die Sepia gehört wie Kalmar und Oktopus zu den Kopffüßern und kommt in allen tropischen und gemäßigten Gewässern der Weltmeere vor. Die meisten Tintenfische werden zwischen 15 und 25 Zentimeter lang; im *Oxford Companion to Food* etwa beschreibt Alan Davidson überwiegend Exemplare am oberen Ende der Skala. Die größten Tintenfische werden jedoch bis zu 50 Zentimeter lang.

Im Allgemeinen stehen eher Kalmare (siehe Seite 86) auf den Speisenkarten, doch in Italien wird auch der Tintenfisch in der Küche verwendet. So dient seine Tinte dazu, den *Risotto al nero di seppia* zu färben. In Südostasien nascht man getrocknete Tintenfischstreifen gern zwischen den Mahlzeiten. Und damit nichts verschwendet wird, werden die Augen separat verkauft.

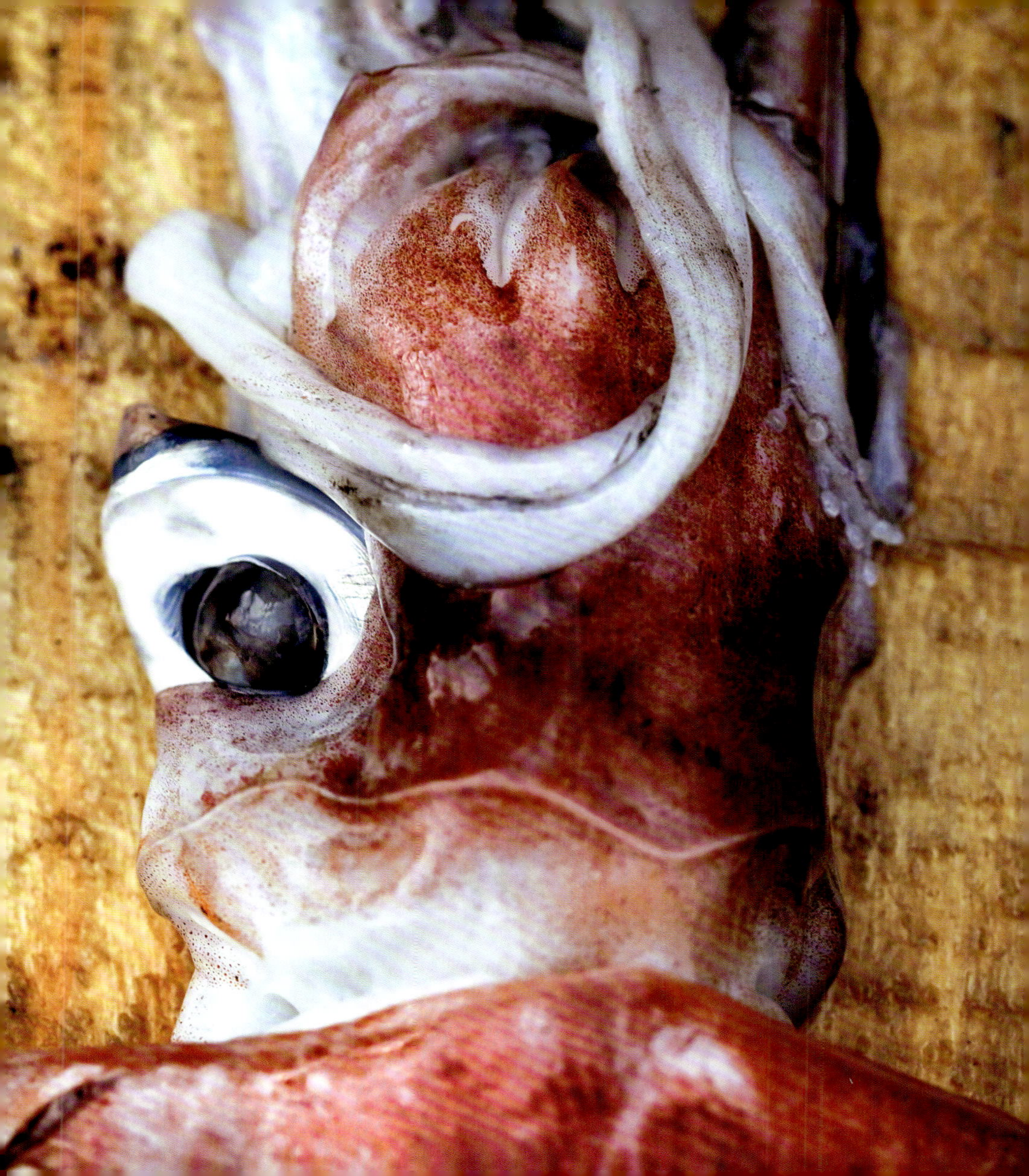

JAGALCHI-FISCHMARKT, BUSAN, SÜDKOREA

Aale

Aale werden in den meisten Ländern der Welt gern gegessen. Man schätzt sie in Schweden, Großbritannien und Italien nicht weniger als in China, Südkorea und Japan. Auf dem Jagalchi-Fischmarkt werden die Tiere von *Azumas* zubereitet. Diese Marktfrauen sind nicht nur für ihre raue Schale und ihren weichen Kern berühmt, sondern auch für ihre bunten Gummiuniformen. Gekleidet in farbenfrohe Schürzen, Handschuhe und Stiefel spießen sie den Kopf des Aals auf einen Nagel, der in einem Holzbrett steckt, und ziehen dem Tier bei lebendigem Leib die Haut ab (siehe Seite 13). Dann werden die Aale zum Verkauf in Plastikeimer geworfen. Während es in Deutschland laut Tierschutzgesetz nur noch erlaubt ist, den Tieren den Kopf abzuschlagen, um sie zu töten, werden sie in Frankreich lebendig eingesalzen.
Die außerordentliche Beliebtheit des Fischs hat mittlerweile Umweltschützer auf den Plan gerufen: 2010 setzte Greenpeace International den europäischen, amerikanischen und japanischen Aal auf die Rote Liste der durch wenig nachhaltige Fischerei bedrohten Arten.

BANGKOK, THAILAND

Fischblase

Ein unerwarteter Vorteil bei der Lektüre dieses Buchs dürfte die Erweiterung zoologisch-anatomischer Kenntnisse sein. Oder wussten Sie, dass bestimmte Fische – Knochenfische – über eine sogenannte Schwimmblase verfügen? Über dieses mit Gas gefüllte Organ steuert der Fisch seinen Auftrieb im Wasser. Wussten Sie darüber hinaus, dass es viele Menschen gibt, die Fischblasen gerne essen? In ganz Asien und speziell in China werden Fischblasen für wenig Geld sackweise auf den Märkten angeboten. Im Laden gibt es sie zu Paketen verpackt. In Europa bekommt man getrocknete Fischblasen in einigen Asialäden.

Meist finden Fischblasen als Zutaten in anderen Gerichten Verwendung. Insbesondere Suppen und Eintöpfen verleiht sie eine bestimmte Konsistenz und einen spezifischen Geschmack.

CHATUCHAK-MARKT, BANGKOK, THAILAND

Eier vom Kalmar

Wie passend, dass man auf einem so großen Markt wie dem Chatuchak-Markt in Bangkok ein so kleines Lebensmittel findet. An Wochenenden wird auf dem weltgrößten Markt mit seinen über 15 000 Verkaufs-ständen alles – von Gartenmöbeln und Antiquitäten über Mode bis hin zu lebenden Tieren – feilgeboten. Besucher und Einheimische lieben und hassen den Markt gleicher-maßen, auf dem man sich so wunderbar verlaufen und wo man gelegentlich so herrlich über den Tisch gezogen werden kann. Was einen dann wieder versöhnt, sind die unzähligen Lebensmittelstände, an denen u.a. Kalmareier verkauft werden. Die auch als Oktopusrogen bekannten Eier wer-den in einem riesigen Wok gegart, mit Sojasauce gewürzt und in Plastikschalen mit etwas Salat serviert.

TSUKIJI-MARKT, TOKIO, JAPAN

Elefantenrüsselmuscheln

Die wenig ansehnliche Elefantenrüsselmuschel ist eine der größten Muschelarten der Welt. Sie gräbt sich in Schlamm, Sand oder Kies am Meeresboden ein und kommt vor allem an der Nordwestküste der USA sowie an der Westküste Kanadas vor. Ihr großer, fleischiger Rüssel kann bis zu einem Meter lang werden und wird aufgrund seines würzigen Geschmacks und seiner knusprigen Haut besonders in China und Japan geschätzt. In Europa hat man die Muschel bislang als kulinarische Bereicherung noch nicht entdeckt.

BANGKOK, THAILAND

Qualle

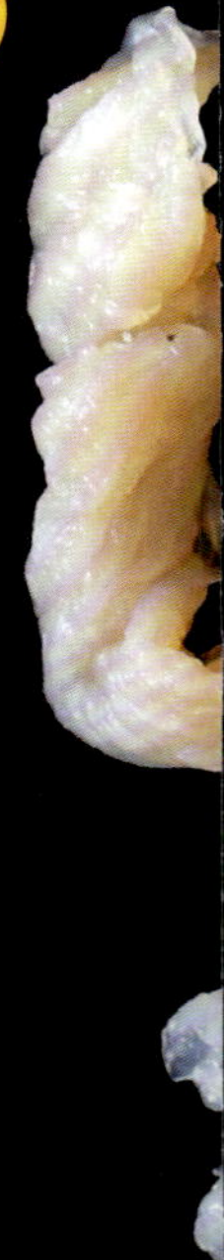

Quallen haben bei Schwimmern und Badenden weltweit einen sehr schlechten Ruf, gelten aber insbesondere in Asien als Köstlichkeit. Wie Fischblasen (siehe Seite 57) werden auch Quallen eher als Bestandteil anderer Gerichte denn als Snack oder eigenständige Mahlzeit verzehrt, was bei ihrer gummiartigen Konsistenz und ihrem kaum vorhandenen Eigengeschmack wenig überrascht. In China allerdings kommt schon einmal auch rohe Qualle, gehackt, mit etwas Öl, Sojasauce, Reisessig und Zucker angemacht, auf den Tisch; in Japan bevorzugt man die geräucherte, in Streifen geschnittene und ebenfalls mit Reisessig angemachte Variante als Amuse-Gueule. Auch als Salatzutat wird die Qualle nicht verschmäht: Im *Oxford Companion to Food* erwähnt Alan Davidson sie als Zutat des *Miang maeng kaphrung*. Dieses thailändische Gericht besteht aus Quallenstreifen und Blattsalaten.

SEOUL, SÜDKOREA

Seeteufelrogen

Äußerlich ist der Seeteufel keine besondere Schönheit, aber sein Inneres ist köstlich. Das Schwanzfleisch des Fisches steht in Restaurants auf der ganzen Welt auf der Speisenkarte, sein tomatenroter Rogen aber ist eine weitere und weniger bekannte Delikatesse. Man isst ihn roh, gebraten oder als Suppeneinlage. Ein anderer kulinarischer Geheimtipp ist die Leber dieses Meerestiers.

JAGALCHI-FISCHMARKT, BUSAN, SÜDKOREA

Oktopus

Aus dieser Perspektive bietet der Oktopus wahrlich einen verstörenden Anblick, thront sein Schlund doch nichts Gutes verheißend auf den saugnapfbestückten Tentakeln. Lange wurde der »Teufelsfisch«, wie Taucher aus den USA ihn nennen, als »Monster der Tiefsee« verunglimpft und spielte in vielen Horrorfilmen der 1970er-Jahre unrühmliche Hauptrollen. Doch trotz der schlechten Presse begeistert der Meeresbewohner Feinschmecker weltweit. Anders als seinen Verwandten, den Kalmar (siehe Seite 86), muss man den Oktopus lange kochen – oder man genießt ihn fangfrisch. Der Babyoktopus bedarf keiner besonderen Vorbehandlung, größere Exemplare sollte man vor der Zubereitung allerdings gründlich weichklopfen. In der japanischen Küche wird Oktopus als *Tako* zu *Sushi* verarbeitet, und auch im Mittelmeerraum findet er häufig Verwendung. In Korea nimmt man die Empfehlung, das Tier möglichst frisch zu verzehren, ein wenig zu ernst: Dort werden oft dem lebenden Tier die Fangarme abgetrennt und an Ort und Stelle gegessen.

Rochen

In Südkorea kann man Rochen entweder frisch oder in getrockneter Form erwerben. Damit sich der Fisch beim Trocknen nicht zusammenrollt, werden Holzstäbchen durch seine Flügel »gefädelt« (siehe unten). Kulinarisch gesehen gelten die Flügel als die wertvollsten Teile des Tiers. Man isst sie meist getrocknet. Geschätzt werden aber auch die »Wangen«, d.h. der Bereich um die Augen, und die Leber. Der Rest des Fisches ist von eher gummiartiger Konsistenz. Die Zubereitungsweisen von Rochengerichten reichen von einfach bis sehr anspruchsvoll, etwa dem *Raie au beurre noir* (Rochen mit gebräunter Butter). In Singapur und Malaysia wird der Rochen bevorzugt gegrillt und mit scharfer Sambalsauce serviert.

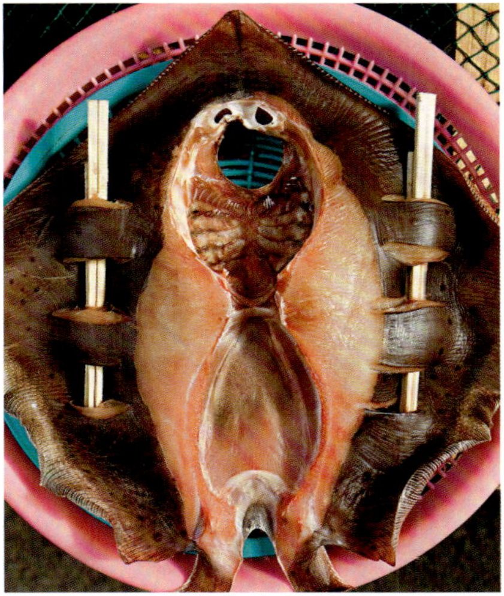

SINGAPUR

Rasiermessermuschel

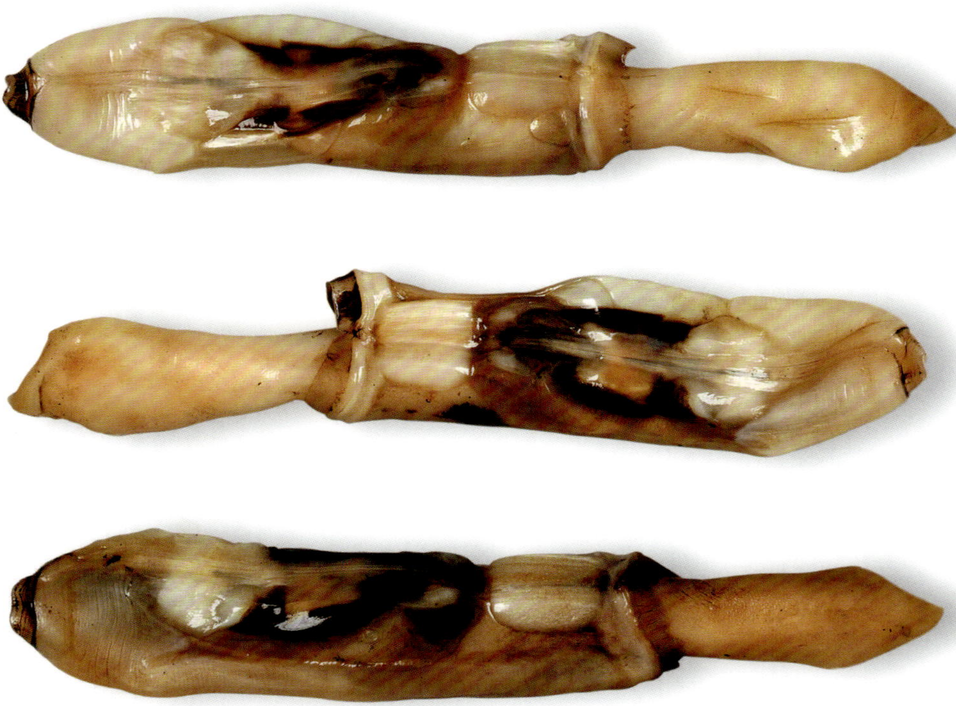

JAGALCHI-FISCHMARKT, BUSAN, SÜDKOREA

Seegurke

Wollte man die Gerichte in diesem Buch nach dem Grad ihrer Ekligkeit einteilen, stünde die Seegurke sicherlich an einer der oberen Stellen. Sie schmeckt ungefähr so, wie sie aussieht: nass, schleimig, schneckenähnlich, leicht metallisch und gallertartig. Außerdem ist sie ziemlich schwer zu kauen. In China wird sie oft getrocknet und sowohl wegen ihrer angeblich gesundheitsfördernden Wirkung als auch aufgrund ihres Geschmacks verzehrt.

DONG-HUA-MEN-NACHTMARKT, PEKING, CHINA

Salamander am Spieß

In Peking nennt man diesen Snack auch »Seehund«.

DONG-HUA-MEN-NACHTMARKT, PEKING, CHINA

Seeschlange am Spieß

DONG-HUA-MEN-NACHTMARKT, PEKING, CHINA

Seepferdchen am Spieß

JAGALCHI-FISCHMARKT, BUSAN, SÜDKOREA

Seescheide

Die Seescheide gehört zu einer recht ungewöhnlichen Art von Meerestieren, die sich in der Grauzone zwischen Wirbel- und Weichtieren bewegt. Das Tier lebt in flachen Gewässern, wo es sich an Felsen oder Muscheln heftet und durch zwei Körperöffnungen unablässig Nahrung aus dem Wasser herausfiltert; diese Öffnungen können bis zu 15 Zentimeter lang werden. Berührt man das Tier an Land, neigt es dazu, seinen ahnungslosen Häscher mit Wasser vollzuspritzen.

Am besten gelangt man an das gelbe Fleisch der Seescheide, indem man sie in der Mitte teilt, ähnlich wie den Seeigel (siehe Seite 77). Ihr Geschmack erinnert an Jod und ist etwas gewöhnungsbedürftig. In Frankreich verzehrt man das Tier als *figue de mer* (Meeresfeige), vor allem aber schätzt man sie in Korea und in geringerem Maß auch in Japan, wo sie roh als *Sushimi* verspeist wird. Zu den gebräuchlichen Zubereitungsarten gehören außerdem Pökeln, Trocknen, Räuchern, Grillen und Frittieren.

DONG-HUA-MEN-NACHTMARKT, PEKING, CHINA

Seeigel

Die essbaren Teile des Seeigels sind seine Eierstöcke, auch als Corail oder Rogen bezeichnet. Man isst sie roh oder als Zutat in Saucen, Suppen, Omeletts und Soufflés.

JAGALCHI-FISCHMARKT, BUSAN, SÜDKOREA

Igelwürmer

Diese phallische Monstrosität könnte auch in einem David-Cronenberg-Film entsprungen sein. Der Igelwurm, in Korea auch als Penisfisch bezeichnet (lat. *Urechis unicinctus*), lebt in den Felsspalten flacher Gewässer und ist vermutlich das Letzte, was man gern auf seinem Teller sieht. Nur in Südkorea verzehrt man die Tiere mit Genuss. Dort ist der Meeresbewohner als *Gaebul* bekannt und wird aus riesigen Wasserbecken heraus lebend verkauft. Auch auf den Fischmärkten Chinas und Japans ist er zu finden.

TOKIO, JAPAN

Seetang

Seetang weist zwar keinen besonderen Ekelfaktor auf, aber dennoch würde hierzulande kaum jemand auf die Idee kommen, Meeresalgen als Delikatesse zu bezeichnen. Gegessen werden sie in fast allen Küstenregionen der Welt, denn sie sind außerordentlich gesund. Sie enthalten wenig Fett, viel Eisen, Eiweiß sowie wichtige Vitamine und Mineralstoffe. Das gilt allerdings nur für frisches Gemüse, während sie meist als Konserven oder Pulver auf den Markt kommen.

Wie man Seetang isst, ist von Region zu Region sehr unterschiedlich. In Japan etwa wird mit der Alge der Sushireis umwickelt, in Korea röstet man sie lieber in Sesamöl. In Wales, insbesondere an der Südküste des Landes, kennt man gegarten Seetang als »Laverbread«. Traditionellerweise wird er mit Haferflocken vermengt, zu kleinen Fladen geformt, gebraten und mit Schinken und Muscheln serviert. Ich persönlich bevorzuge ihn gegrillt auf Toast.

DONG-HUA-MEN-NACHTMARKT, PEKING, CHINA

Hai

Die Nachfrage nach Haifleisch ist erheblich gestiegen. Mittlerweile bekommt man das weiße, grätenfreie Fleisch verschiedener Arten – vom Dorn- bis zum Walhai – in sowohl europäischen als auch amerikanischen Supermärkten. Leider sind deswegen einige Haiarten vom Aussterben bedroht (siehe auch Seite 85). Kleine Tiere oder Babyhaie werden oft im Ganzen angeboten, am beliebtesten ist Haifleisch jedoch in Steakform.

In Island bereitet man das traditionelle Gericht *Hákarl* in einer sehr aufwendigen Prozedur: Zunächst wird das Fleisch für sechs bis zwölf Wochen gepökelt, dann in Streifen geschnitten und mehrere Monate lang getrocknet. Das Gericht ist fester Bestandteil der Feierlichkeiten zur Wintersonnenwende, wird aber das ganze Jahr über verzehrt. Es schmeckt nicht nur extrem nach Fisch, sondern verströmt auch einen penetranten Geruch nach Ammoniak, der sensible Nasen aus den – vermutlich weniger intensiv riechenden – Socken haut.

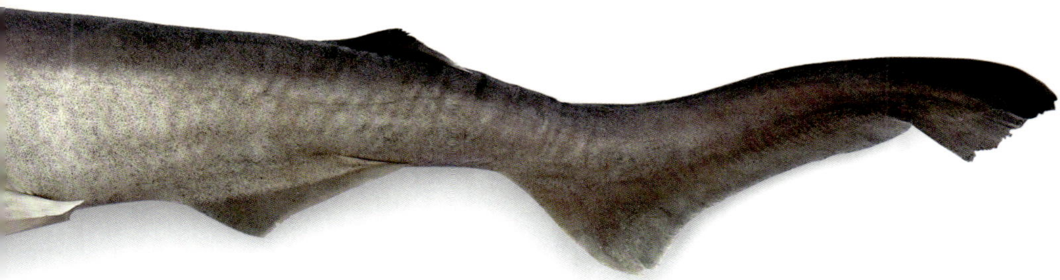

CHINATOWN, BANGKOK, THAILAND

Haifischflossen

Tiefgefrorene Haifischflossen sind in vielen Supermärkten Asiens erhältlich. Ihre Beliebtheit verdanken sie ihren angeblich aphrodisierenden Eigenschaften. Im chinesischen Viertel von Bangkok gibt es Haifischflossenrestaurants in Hülle und Fülle, wobei die Haifischflossensuppe an oberster Stelle der Speisekarten rangiert.
Die Suppe besteht aus simpler Hühnerbrühe, der die Haifischflossen lediglich eine leimartige Konsistenz verleihen. Denn sie schmecken eigentlich nach nichts, nicht einmal nach Fisch. Man muss sie mögen – und sie sich leisten können, denn die teure Delikatesse gilt als Statussymbol. Diese kulinarische Gepflogenheit hat außerdem noch einen traurigen Nebeneffekt, und zwar auf die Population der rund hundert Haiarten, die man allein wegen ihrer Flossen fischt. Oft schneidet man ihnen bei lebendigem Leib die Flossen ab und wirft sie zurück ins Meer, wo sie elend verenden. Und je weiter die Überfischung fortschreitet, desto seltener und exklusiver wird das Gericht – und desto größer wird die Nachfrage.

JAGALCHI-FISCHMARKT, BUSAN, SÜDKOREA

Kalmar

Riesenkalmare sind immer noch Bestandteil zahlreicher Mythen und Sagen, was wohl auch daran liegt, dass sich diese Tiere den meisten Dokumentationsversuchen bisher entzogen haben. Die kleineren, essbaren Exemplare landen jedoch regelmäßig auf Restauranttellern in aller Welt. Meist erreicht der Kalmar eine Größe von rund 60 Zentimetern und wird roh, gegrillt, als Eintopf oder gebraten serviert. Wie beim Tintenfisch (siehe Seite 52) findet auch die Tinte des Kalmars Verwendung in der Küche, etwa im Risotto, in der Suppe oder in der Pasta. Hartgesottene Feinschmecker essen Babykalmare auch lebend – und gehen dabei das Risiko ein, dass sich das Tier mit seinen Saugnäpfen an ihrer Zunge festbeißt.

HANOI, VIETNAM

Schildkröte

Das Fleisch der Meeresschildkröte wird heute vor allem in Teilen Asiens verzehrt, wo es als exklusive Delikatesse gilt. Jahrzehntelang war es aber auch fester Bestandteil der westlichen Küche. Ein Rezept für Schildkrötensuppe findet man etwa in der *Household Cyclopedia of General Information*, einem US-amerikanischen Haushaltsratgeber aus dem Jahr 1881. Als Zutat verzeichnet das Rezept eine »schöne, lebhafte, fette Schildkröte«. Tatsächlich kommt das Gericht auch heute noch in einigen Südstaaten der USA in die Suppenteller, und Großbritannien is(s)t auch nicht besser: Dort sollen Königin Victoria und Prinz Albert ihr Weihnachtsdinner stets mit einer Schildkrötensuppe eröffnet haben.

In Hanoi kann man Meeresschildkröten auf Straßenmärkten kaufen – leider, denn wie viele andere Tiere sind auch einige Meeresschildkrötenarten durch landestypische Essgewohnheiten vom Aussterben bedroht. Deshalb versucht man nun, die Nachfrage mit Zuchttieren zu befriedigen.

TOKIO, JAPAN

Wellhornschnecke

In einigen Küstengegenden Großbritanniens ist die Wellhornschnecke ein beliebter Snack. Diese Schneckenart, eines der größten Weichtiere des Meeres, wird in Malzessig mariniert und mit etwas Salz bestreut.
Auch in Asien isst man die Wellhornschnecke gern, vor allem in Taiwan, Südkorea und Japan. Sehr große Exemplare kommen in den Vereinigten Staaten und in Kanada vor. Dort wird das Fleisch gehackt und konserviert oder mit etwas Zucker und Gewürzessig eingemacht. Ansonsten werden die Schnecken gegrillt, gedämpft oder gekocht – allerdings nicht zu lange, sonst werden sie zäh. Die kleinere Verwandte der Wellhornschnecke, die Strandschnecke, ist Bestandteil einer weiteren Spezialität der Küstenbewohner: des Strandschneckensandwichs.

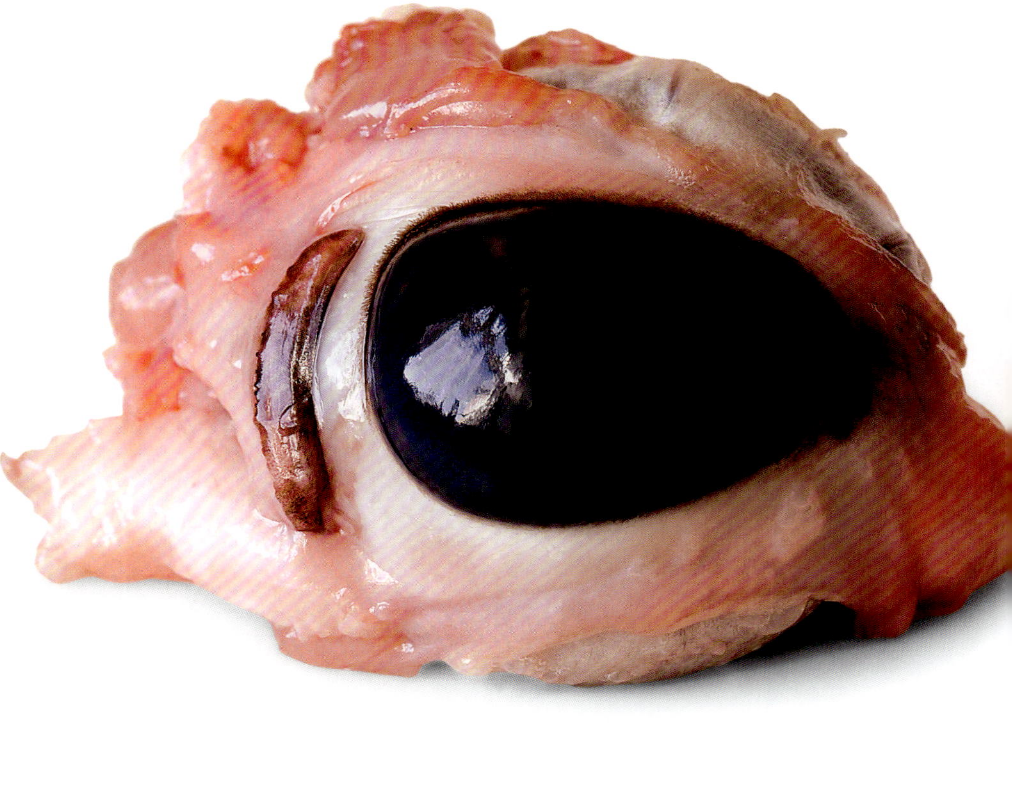

VON KOPF BIS FUSS

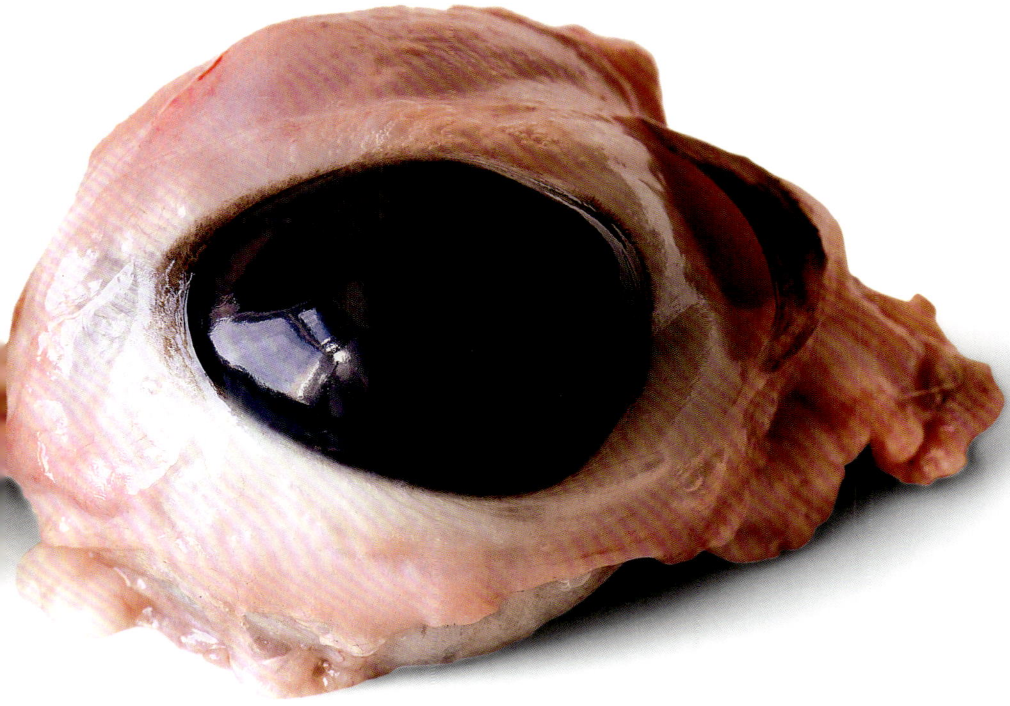

HANOI, VIETNAM

Hund

»Was kostet denn das Hündchen im Fenster?« Im Westen ist die Vorstellung, den besten Freund des Menschen ganz banal zu verspeisen – nun ja: unvorstellbar. In Vietnam, China und Südkorea aber ist man weniger sentimental. In Hanoi beispielsweise ist ein ganzer Stadtteil auf den Hund gekommen und spezialisiert sich auf die Zubereitung der kleinen Vierbeiner.

In einigen ländlichen Gegenden Asiens soll der Genuss von Hundefleisch in bestimmten Mondphasen Glück bringen. In den Städten hingegen wird das Gericht fast ausschließlich von Geschäftsleuten bestellt, und zwar als Bestandteil eines männlichen Alphatierrituals: Sie glauben, Hundefleisch habe eine potenzsteigernde Wirkung. Jedenfalls ist es sehr vielseitig: In einem Kochbuch aus Peking finden sich 167 verschiedene Zubereitungsarten.

LIMA, PERU

Blutwurst

Für manche Menschen gilt es als absolutes Tabu, doch der Verzehr von Blut – insbesondere in Gestalt von Blutwurst – ist ein international verbreitetes Phänomen. In Peru heißt sie *Relleno*, in Großbritannien *Black pudding* und in Frankreich *Boudin noir*. Unter welchem Namen man sie auch immer genießt – in der Regel besteht die Blutwurst aus Schweineblut und einer oder mehreren anderen Zutaten, etwa Brot, Zwiebeln, Graupen oder Haferflocken.

Und wenn Sie nicht gern Blutwurst essen, können Sie immer noch damit werfen. Im englischen Manchester findet alljährlich die Weltmeisterschaft im Blutwurstwerfen statt; Sieger ist, wer die meisten *Yorkshire Puddings* – ein traditionell britisches Backwerk – mit 170 Gramm schweren Stücken einheimischer Blutwurst vom Blech fegt. Angeblich stammt dieser merkwürdige Wettkampf aus der Zeit der englischen Rosenkriege (1455–1485), als sich die Anhänger der Häuser Lancaster und York mit Lebensmitteln bewarfen, nachdem ihnen die Munition ausgegangen war.

ALICE SPRINGS, AUSTRALIEN

Kameldörrfleisch

Es sieht zwar aus, als hätte man es gerade hinter dem Sofa gefunden, aber Kameldörrfleisch stellt tatsächlich eine schmackhafte Alternative zu gedörrtem Rindfleisch dar. Es stammt überwiegend von der sich ausbreitenden wilden Kamelpopulation in Australien.

DONG-HUA-MEN-NACHTMARKT, PEKING, CHINA

Curryhund am Spieß

BRIXTON-MARKT, LONDON, GROSSBRITANNIEN

Rinderbacke

Rezepte für Rinderbacke finden sich in Kochbüchern auf der ganzen Welt. Die traditionelle Zubereitungsart besteht im Schmoren, auch Braisieren genannt. Die wichtigste Zutat dafür ist zweifelsohne die Geduld: Es dauert Stunden, bis das Fleisch so zart ist, dass man es mit Genuss essen kann.

ZUBEREITUNG UND SERVIERVORSCHLAG

Zwiebeln, Karotten, Sellerie und Knoblauch in Olivenöl andünsten und großzügig mit Rosmarin und Thymian würzen. Mit Rotwein und Rinderfond aufgießen, die Rinderbacke hinzufügen und das Ganze mindestens drei bis vier Stunden im Ofen schmoren, bis das Fleisch mürbe ist. Die Rinderbacke in der Sauce servieren.

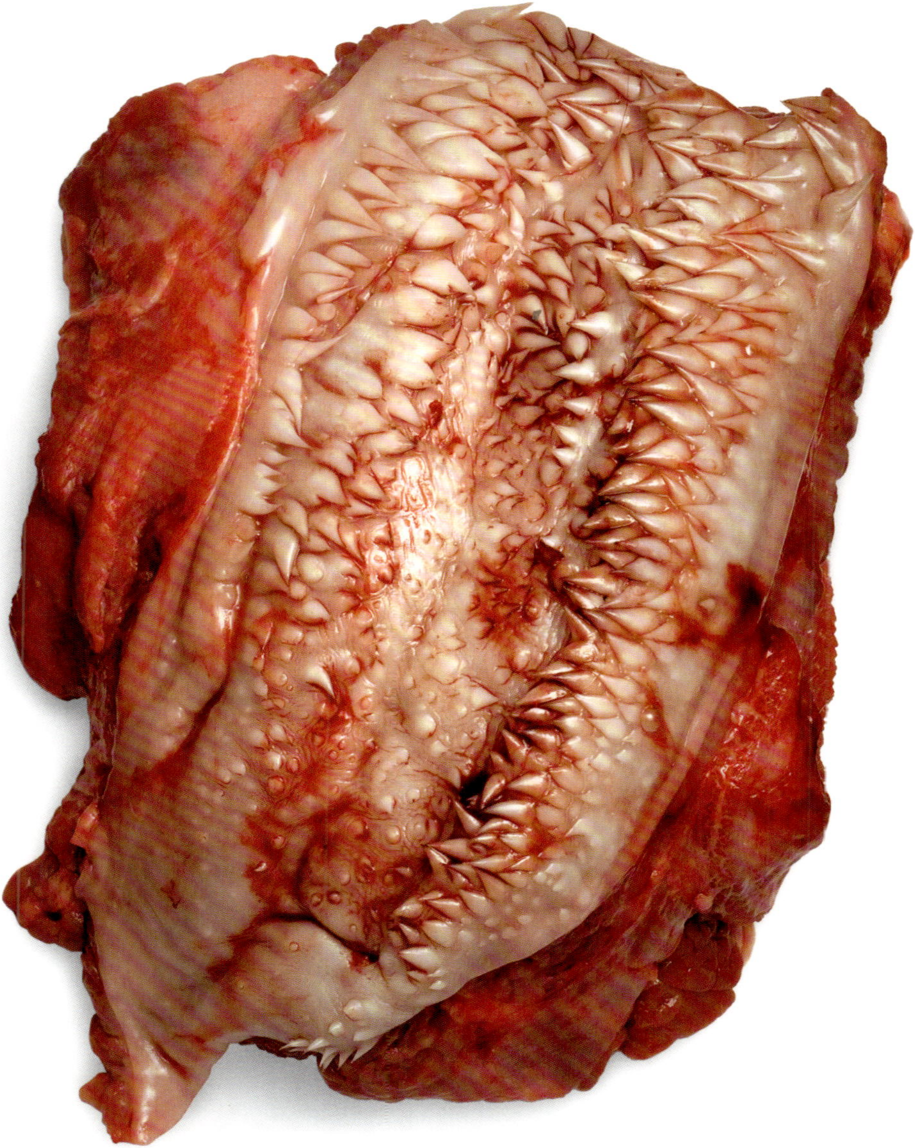

EAST STREET MARKT, LONDON, GROSSBRITANNIEN

Rindernase

Die Haut des Rinds – vor allem die des Gesichts – gilt als Spezialität der nigerianischen Küche, wo sie *pomo* genannt wird.

EAST STREET MARKET, LONDON, GROSSBRITANNIEN

Rinderfüße

Rinderfüße – in der Suppe oder als Eintopf zubereitet – gelten in ganz Afrika als Delikatesse.

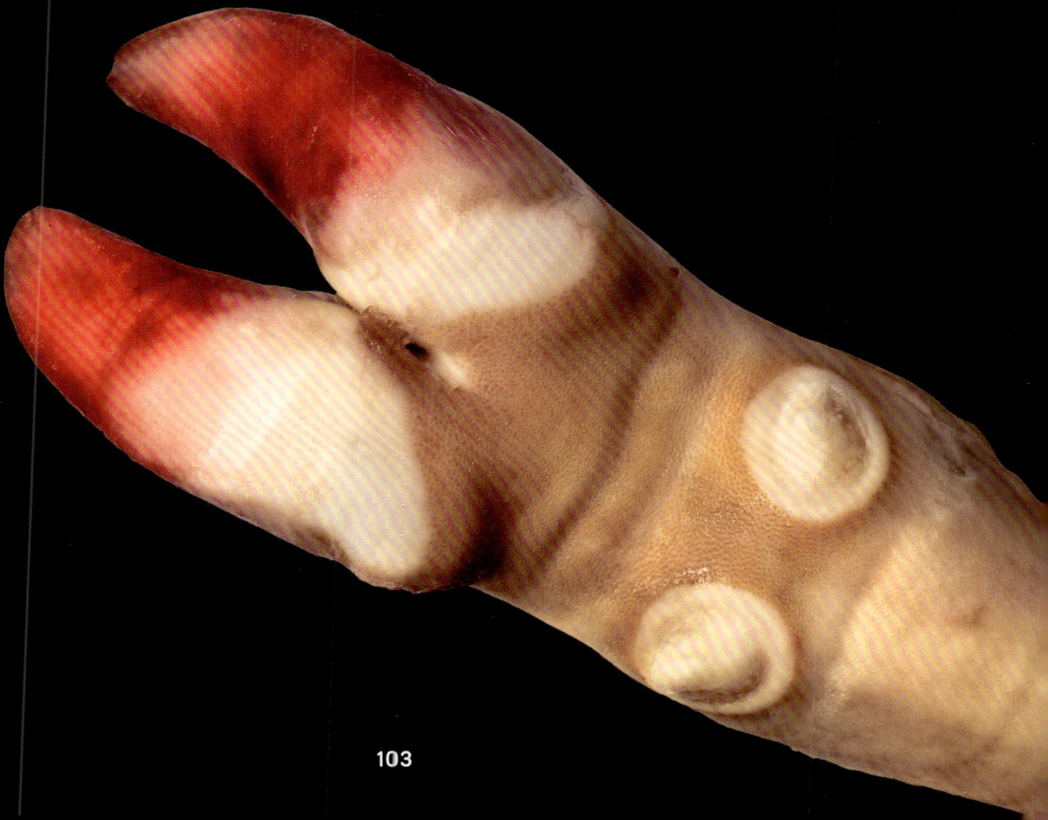

BRIXTON MARKET, LONDON, GROSSBRITANNIEN

Ziegenhoden

Die Vorstellung, Hoden zu verzehren – egal von wem sie stammen mögen –, treibt sicherlich vielen Männern Tränen ins Gesicht. Dennoch stehen Hoden in vielen Ländern auf der Speisenkarte, und das Gericht bietet ein gutes Beispiel für den Einfallsreichtum des Menschen, wenn es darum geht, nichts verkommen zu lassen. Interessanterweise scheut man sich allerdings oft, das Kind beim Namen zu nennen. In den USA etwa werden Stierhoden euphemistisch als »Austern der Rocky Mountains« auf der Speisenkarte geführt. Im Mittleren Osten sind Hoden häufig Bestandteil der *Mezze*, der gemischten Vorspeisen. In Afrika und Indonesien stammen die Hoden, die dort sehr gerne gegessen werden, vor allem vom Ziegenbock.

ZUBEREITUNG UND SERVIERVORSCHLAG

Äußere Membran entfernen, Hoden in Würfel schneiden, in etwas Zitronensaft und Sojasauce marinieren, auf Spieße stecken und auf dem Holzkohlengrill garen.

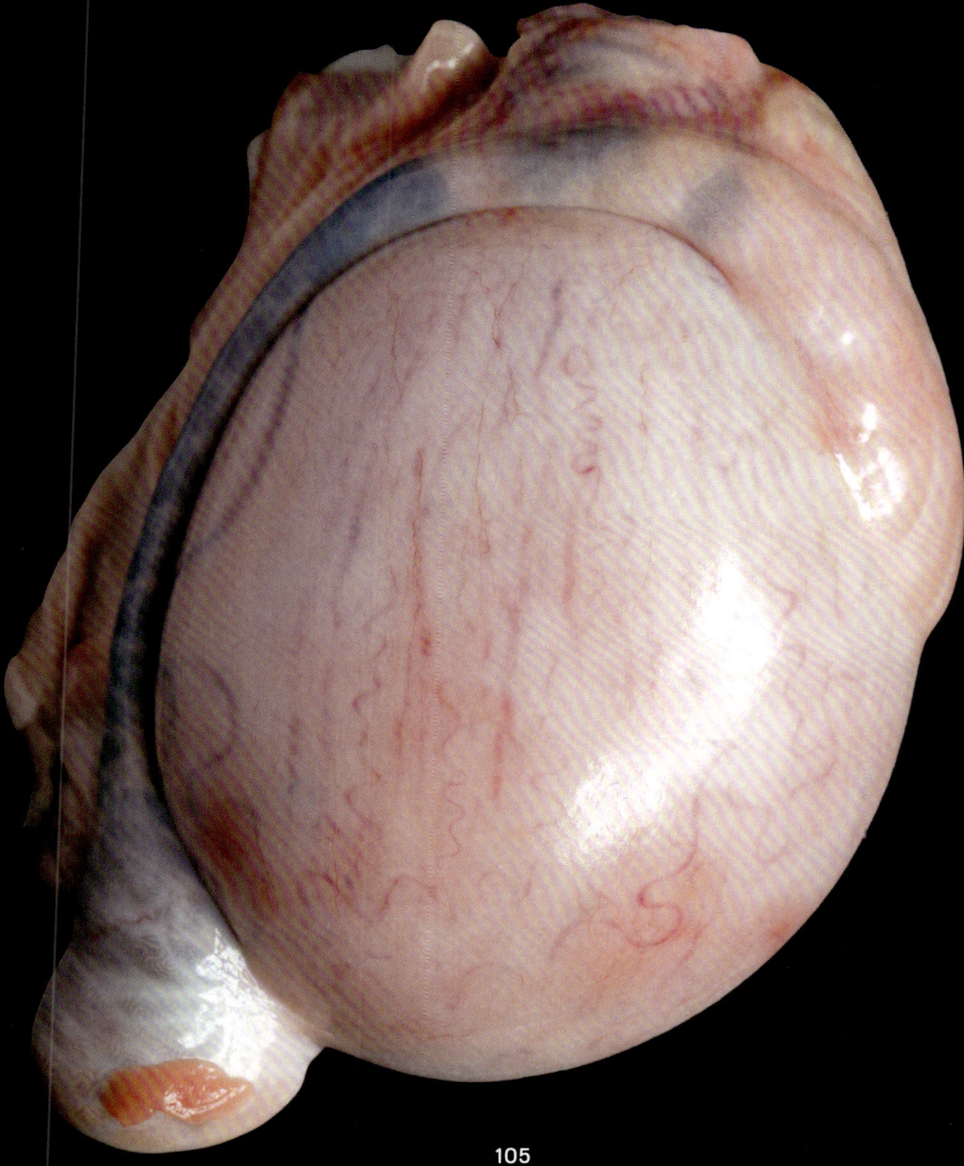

PEKING, CHINA

Esel

Eselsfleisch ist fettarm und reich an Eiweiß und gilt daher sowohl in Frankreich als auch in China als gesunde Delikatesse. Die Franzosen, die auch dem Pferdefleisch nicht abgeneigt sind, genießen Esel vor allem als Eselswurst, *Saucisson d'âne*. In China ist vorgegartes Eselsfleisch auch vakuumverpackt erhältlich (siehe unten). Auf einer dieser Packung war die etwas holprig übersetzte Empfehlung zu lesen, Eselsfleisch sei »das beste Produkt für Geschenk, Festmahl und Reise«. Na ja!

DEPTFORD MARKET, LONDON, GROSSBRITANNIEN

Ziegenkopf

Ziegenkopf (rechts) isst man gerne in Teilen Afrikas, Indiens, Europas und der Karibik. In Indien verwendet man ihn insbesondere zur Zubereitung des gleichnamigen Currys. Im östlichen Nigeria ist *Isi ewu*, gewürzter Ziegenkopf, ein beliebtes Gericht. Es wird mit so viel Chili gewürzt, dass es einem fast selbst die Schädeldecke abhebt. Die Augäpfel der Ziege sind Ehrengästen vorbehalten.

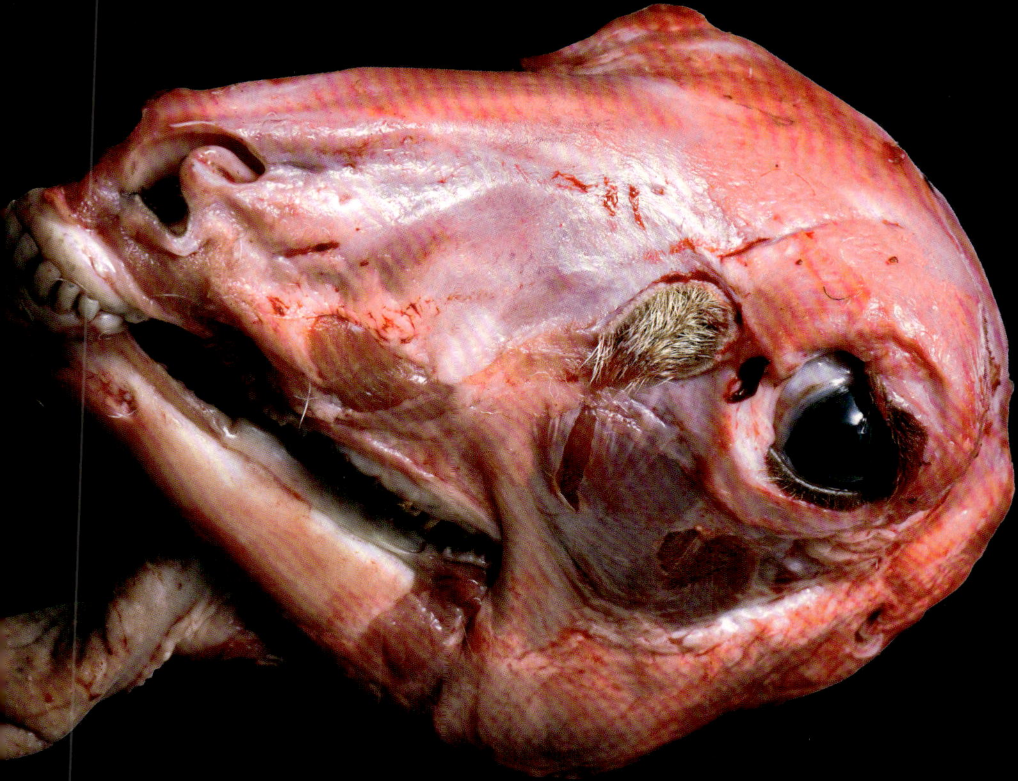

EAST STREET MARKET, LONDON, GROSSBRITANNIEN

Ziegenfüße

Wie Rinder- (siehe Seite 103) und Lammhaxen bilden auch Ziegenfüße (siehe links) vorwiegend die Basis für Suppen und Eintöpfe und kommen unter anderem in Afrika und Indonesien auf den Tisch.

LIMA, PERU

Meerschweinchen

Das Gericht *Cuy* – gebratenes Meerschweinchen – stammt aus Peru. Da die Größe der Tiere erheblich variiert, bestellt man nach Gewicht oder Portionen. Wie das Tierchen dann auf dem Teller aussieht, weiß man vorher allerdings nie so genau. Für das hier Abgebildete – wie ein Grillhähnchen im Ganzen auf Kartoffelbett mit pikanter Tomaten-sauce – waren rund fünf Bestellversuche erforderlich.

DEPTFORD MARKET, LONDON, GROSSBRITANNIEN

Hase

Hasenrezepte gibt es schon seit dem 18. Jahrhundert. Das heute weniger beliebte Gericht war in Großbritannien, Frankreich und Deutschland einst weit verbreitet. Heute kommt Hase vor allem in Eintöpfen und Schmorgerichten vor, in Belgien etwa gart man ihn mit Bier, Kastanien und Pflaumen. Hasenpfeffer ist eine klassische Spezialität vom Lande; dabei bindet man die Sauce mit dem Blut des Tieres.

CENTRAL MARKET, CARDIFF, GROSSBRITANNIEN

Schweinskopf

Dieses Gericht gehört zu meinen Leibspeisen. Die einen genießen vielleicht nur Ohren, Schnauze und Bäckchen, die andern bevorzugen den ganzen bzw. zerteilten Kopf – als *Schweinskopfsülze*. In Frankreich kennt man ihn als *Fromage de tête*, in Italien als *Coppa di testa*. Schweinskopfsülze kommt in ganz Europa auf den Tisch, in Variationen gelegentlich auch in Asien und dem Mittleren Osten. Früher bereitete man ihn auch aus einem Wildschweinkopf zu.

ZUBEREITUNG UND SERVIERVORSCHLAG

Schweinskopf säubern und in einen Topf mit kochendem Wasser geben. 24 Stunden simmern, dann abkühlen lassen. Das Fleisch vom Schädelknochen lösen, fein hacken und mit fein gehacktem Fenchel sowie einigen Karotten- und Schalottenscheiben in eine Schüssel geben. Etwas Thymian und Salbei unterrühren und alles mit Selleriesalz abschmecken. Die Mischung auf Portionsschälchen verteilen, mit Zitronensaft beträufeln und mit der aufgefangenen Kochflüssigkeit aufgießen. In den Kühlschrank stellen, bis die Masse fest geworden ist.

ALICE SPRINGS, AUSTRALIEN

Känguruschwanz

Ursprünglich wurde Kängurufleisch nur von den australischen Ureinwohnern gegessen. Die »Buschnahrung« gehörte zu den wichtigsten Lebensmitteln der Aborigines; ein Tier reichte für viele Menschen. Heute ist dieses exotische Fleisch auf der ganzen Welt erhältlich, etwa auf dem Borough Market in London, wo es neben Zebra, Strauß und Antilope zu Burgern und Steaks verarbeitet wird. In Australien gehört der Verzehr eines Känguruschwanzes noch immer zu den authentischen Outback-Erfahrungen. Beim Stamm der Arrernte im mittleren und nördlichen Australien sengt man das Fell ab (siehe rechts) und vergräbt die Schwänze dann zusammen mit heißen Kohlen in einer Kochgrube im Boden, bis sie gar sind.

Kängurufleisch ist ausgesprochen arm an Fett und Cholesterin.

BRIXTON MARKET, LONDON, GROSSBRITANNIEN

Schafszunge

Die englische Künstlerin, Schriftstellerin und Musikerin Vivian Stanshall sagte einmal: »Ich würde nie etwas essen, das ein anderer schon einmal im Mund gehabt hat.« Aber nicht doch: Schafszunge ist wirklich köstlich! Als Terrine ist sie vor allem im Mittleren Osten und in der Karibik sehr beliebt. Um sie mürbe zu machen, muss man die Schafszunge sehr lange garen; am besten schmort man sie.

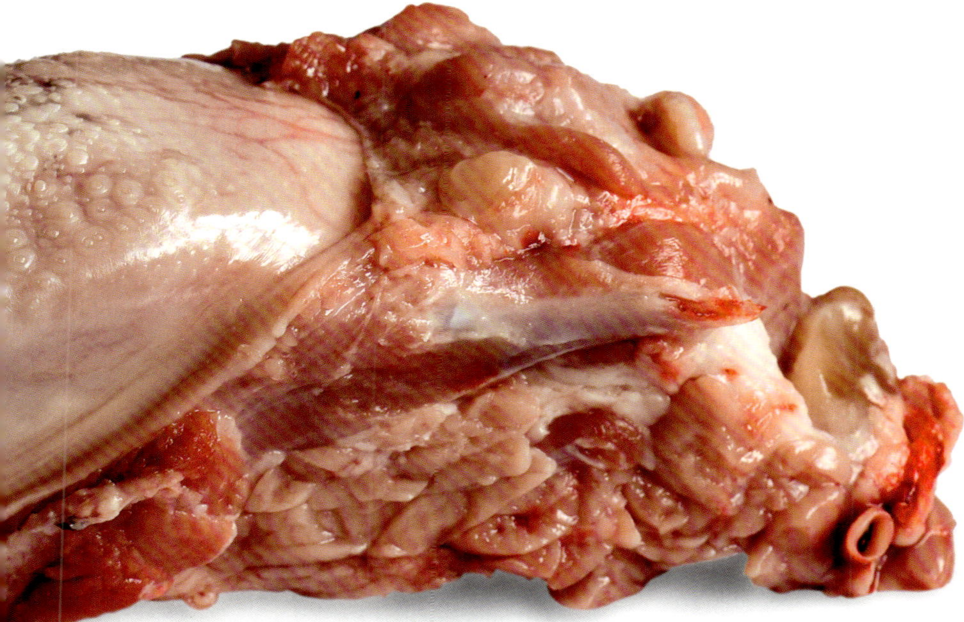

ALICE SPRINGS, AUSTRALIEN

Bushman's platter

Die »Buschmannplatte« enthält eine Auswahl an Aufschnitt, und zwar (im Uhrzeigersinn, beginnend bei vier Uhr) Känguru, Emu und Kamel. Ursprünglich war sie eher für Touristen gedacht, aber heute ist die australische Schlachtplatte auch bei Einheimischen sehr beliebt. Das australische Gesundheitsministerium macht sogar ausdrücklich Werbung dafür, enthalten doch alle drei Fleischsorten ausgesprochen wenig Cholesterin.

CENTRAL MARKET, CARDIFF, GROSSBRITANNIEN

Ochsenzunge

Seit einiger Zeit erlebt die Ochsen- ebenso wie die Schafszunge (siehe Seite 118) sowie andere Innereien eine Renaissance in der englischen Gastronomie, ganz besonders bei einer Reihe bekannter englischer Köche, etwa bei Fergus Henderson und Hugh Fearnley-Whittingstall. Damit adelten sie Gerichte, die viele einer gepflegten Tafel für unwürdig erachten. Dabei ist gepökelte Ochsenzunge in Madeira ein klassisches Gericht der feinen Küche, und auch in der mexikanischen, russischen, philippinischen und japanischen Küche wird sie gern verwendet.

CENTRAL MARKET, CARDIFF, GROSSBRITANNIEN

Ochsenherz

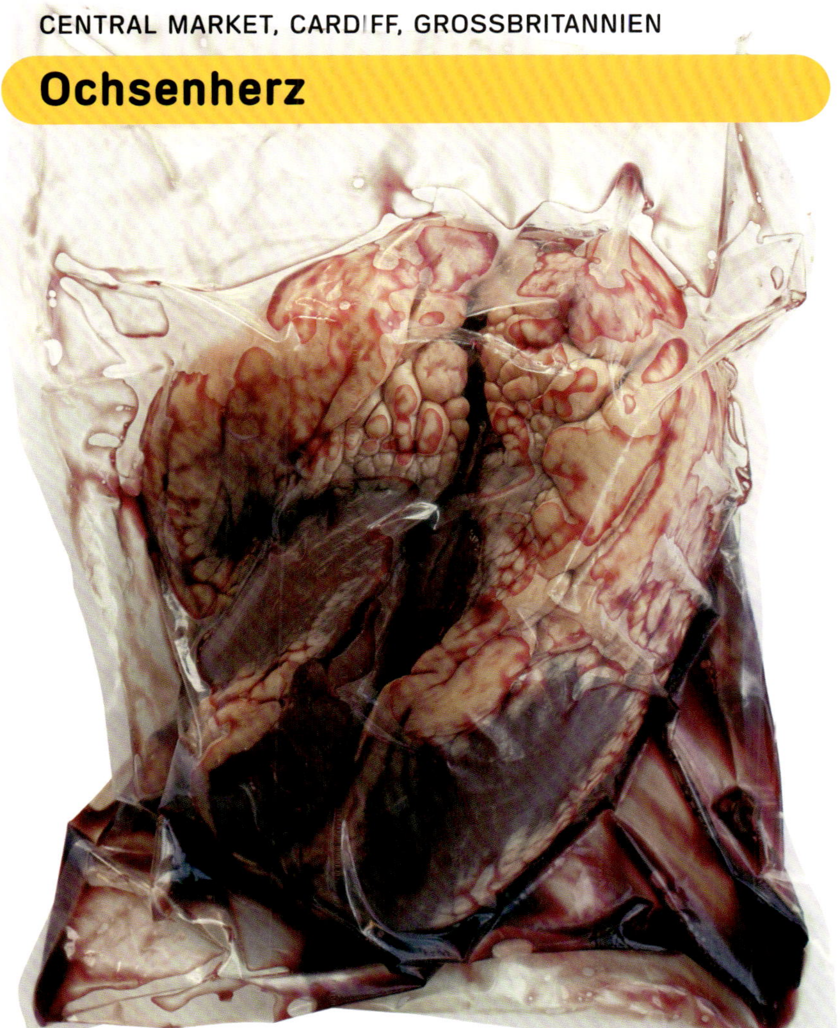

CENTRAL MARKET, CARDIFF, GROSSBRITANNIEN

Schweinshirn

Wahrscheinlich denkt kaum ein Mensch an dergleichen, wenn er von Hirnnahrung spricht. Auf den Philippinen bildet Schweinshirn allerdings die Grundlage zahlreicher beliebter Gerichte, darunter *Tortang utak* (Schweinshirnomelett, siehe unten). Auch in China, Europa und anderen Teilen Südostasiens kommt Schweinshirn auf den Tisch.

ZUBEREITUNG

Hirn aus dem Schweinskopf entnehmen, kochen und in der Mitte teilen, wie beim Aufschneiden eines Brötchens. Die Hirnhälften mit verquirlten Eiern und Semmelbröseln panieren und in der Pfanne goldbraun braten.

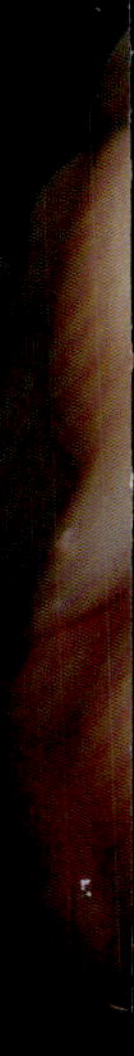

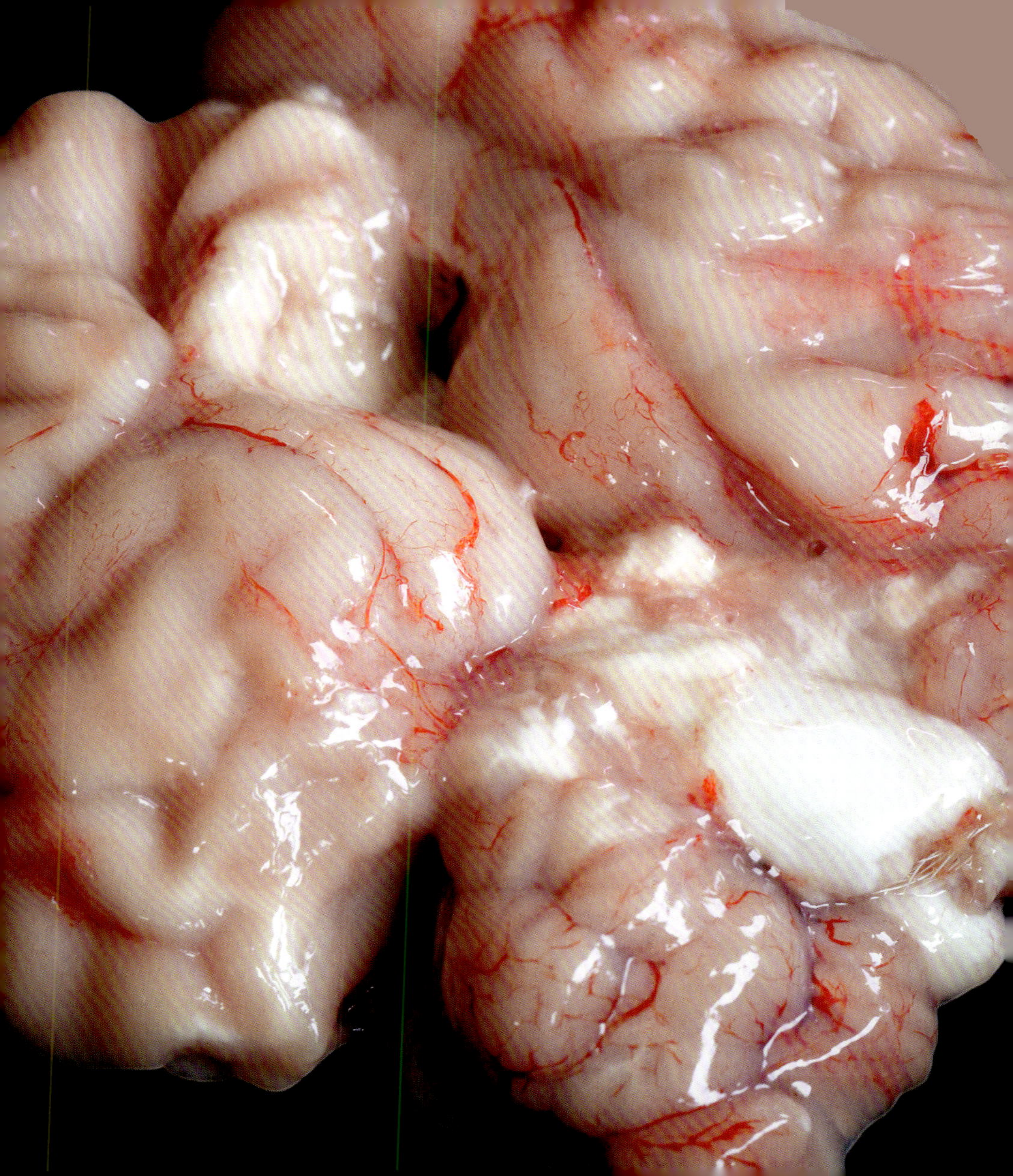

CHINATOWN, BANGKOK, THAILAND

Schweinegesicht

Um die bemerkenswerte Farbe und Konsistenz dieser saftigen Kreation wirklich genießen zu können, muss man dem Schwein schon etwas nähertreten. Gegrilltes Schweinsgesicht ist eine chinesische Spezialität, die nicht nur in China selbst gegessen wird, sondern auch überall dort, wo sich chinesische Enklaven gebildet haben, etwa in Bangkok. Es wird normalerweise heiß und in Streifen geschnitten in einer Tüte verkauft wie eine Art Trockenfleisch.

Darüber hinaus ist Schweinegesicht auch eine Zutat in anderen Gerichten; es findet beispielsweise in einer Aufschnittplatte Verwendung. Dafür ist allerdings viel Geduld erforderlich: Das Marinieren und langwierige Garen des Fleischs kann bis zu neun Tage dauern.

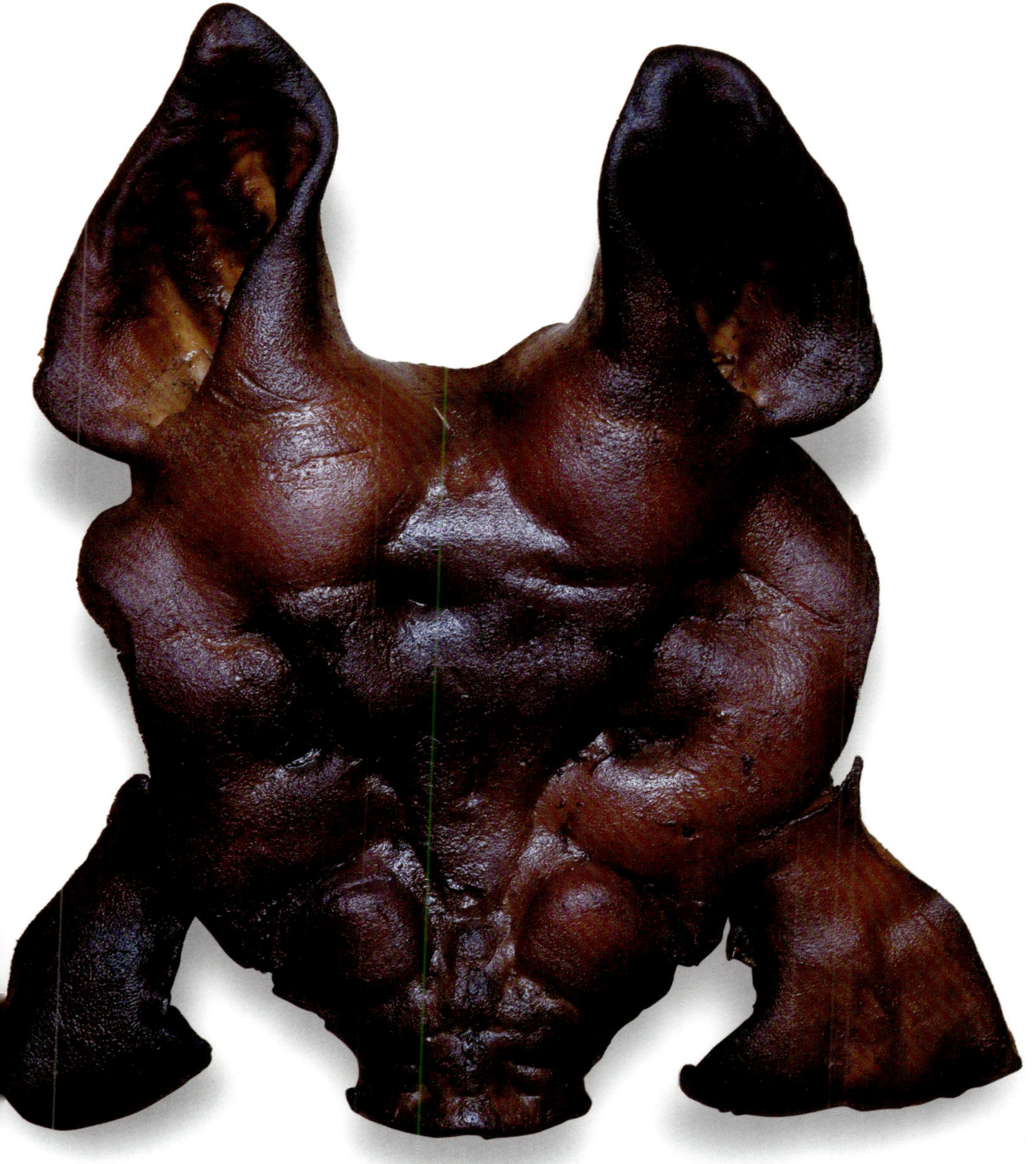

Schweinsfüße

Was den Verzehr von Schweinsfüßen angeht, so erweisen sie sich als ausgesprochen vielseitiger Teil des Tieres und als Renner der »Nur-nichts-verkommen-lassen«-Cuisine. Man kann sie braten, füllen, backen, frittieren, karamellisieren, aber auch zu einer Terrine oder einer Sülze verarbeiten. Es dauert allerdings Stunden, bis sich das Fleisch nach langem Kochen vom Knochen löst. In Korea sind Schweinsfüße Hauptbestandteil des Gerichts *Jokbal*, bei dem die Schweinsfüße gekocht und mit Frühlingszwiebeln, Knoblauch, Ingwer, Reiswein, Zucker und Sojasauce veredelt werden. *Jokbal* gilt als *Anju*, als Beilage, die man mit anderen *Anjus*, Alkohol und Freunden genießt. Vielleicht ist es die aufwendige Zubereitung, die das Gericht zu etwas so Besonderem macht.

In Norditalien, insbesondere in der Emilia Romagna, ist *Zampone di Modena*, ein gefüllter Schweinsfuß, zu besonderen Anlässen beliebt.

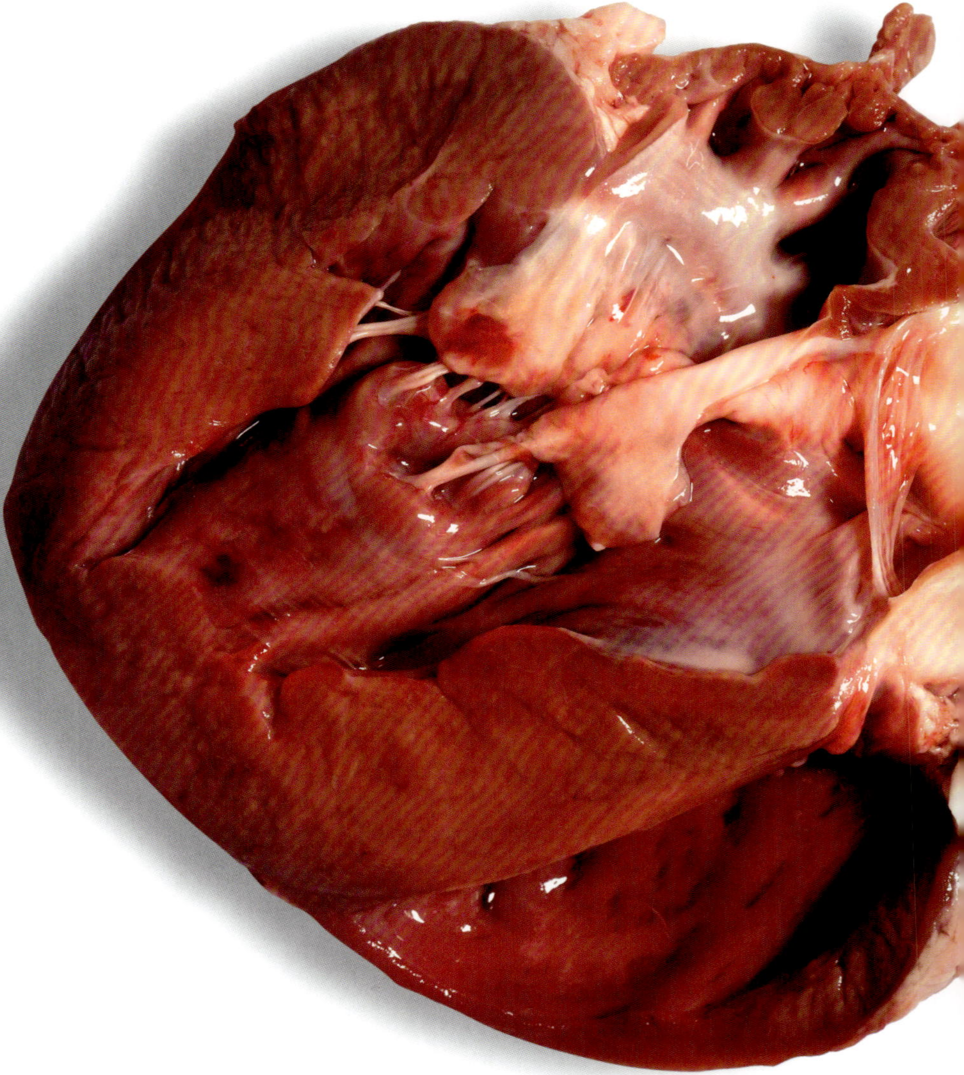

EAST STREET MARKET, LONDON, GROSSBRITANNIEN

Schweinsherz

Dieses Gericht ist köstlich, nahrhaft, aber vielleicht nicht unbedingt etwas für den – pardon! – Weichherzigen. Schweinsherzen kann man grillen, schmoren oder braten. Natürlich sehen sie auf dem Teller dann anders aus als auf diesem Bild.

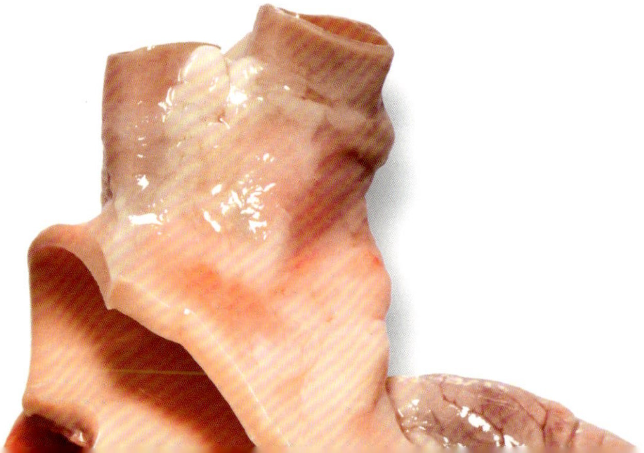

BANGKOK, THAILAND

Schweinedickdarm

Einen Schweinedickdarm zu fotografieren, war wahrlich kein Vergnügen. Hinsichtlich seines Aussehens und Geruchs hat er sich seinen Platz in diesem Buch redlich verdient. Verzehrt wird er in Asien, Europa und den USA.

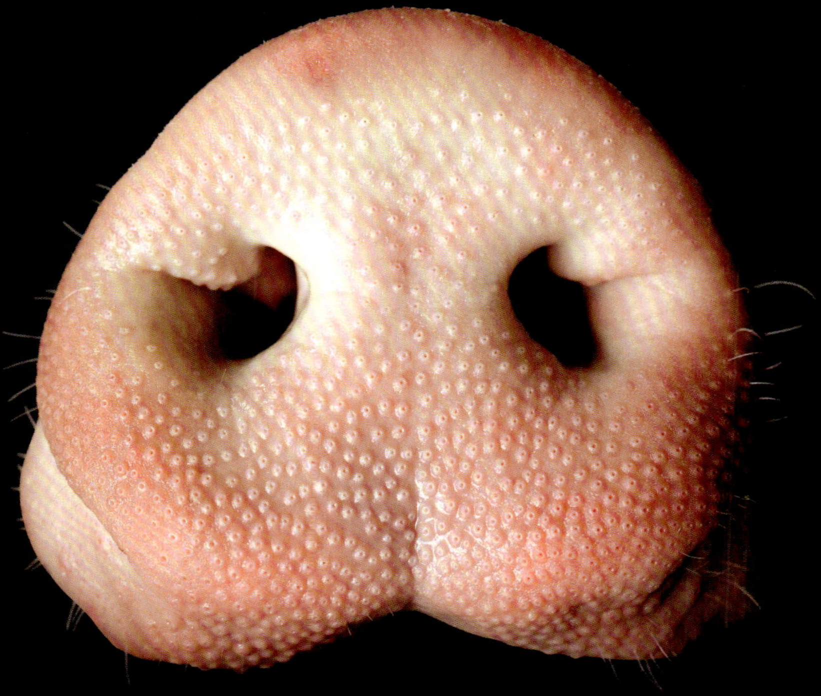

CENTRAL MARKET, CARDIFF, GROSSBRITANNIEN

Schweinsrüssel

Der Schweinsrüssel wird weltweit gern gegessen, im *Sisig*, einem philippinischen Gericht aus gebratenen Schweinsschnauzen und -ohren – ist er sogar die Hauptzutat. Zudem ist er ein Wahrzeichen der Fergus-Henderson-Küche: Bei ihm kommt alles auf den Tisch.

BANGKOK, THAILAND

Schweinsgekröse

Die Innereien vom Schwein gehören in fast jeder Kultur zur gehobenen Küche – außer natürlich dort, wo man aus religiösen Gründen kein Schweinefleisch isst. In den USA sind sie integraler Bestandteil der Südstaatenküche. In Salley, South Carolina, das über die beachtliche Zahl von 410 Einwohnern verfügt, zieht das Schweinsdarmfestival – die Innereien werden hier *Chitlins* genannt – jährlich rund 25 000 Besucher an. Man hat dem Gericht sogar ein eigenes Lied gewidmet: »Chitlin Cookin' Time in Cheatham County«. Darin bringt der Interpret musikalisch eine Sehnsucht zum Ausdruck, die nur durch Schweinsdärme gestillt werden kann.

Zur Zubereitung der Köstlichkeit bedarf es in erster Linie der Geduld. Das A und O ist die vorherige gründliche Säuberung, und zwar von Hand. Und wie für jede Innerei gilt: Je frischer, desto besser.

BANGKOK, THAILAND

Schweinsmilz

Schweinsmilz wird zwar auch in China, Südostasien und Belgien zubereitet, als Spezialität gilt sie aber wahrscheinlich nur in Sizilien: *Pane con la milza* – nichts anderes als ein Schweinsmilzsandwich – gibt es nur in dieser Region Italiens, vor allem in der Gegend um Palermo. Das Fleisch wird in Streifen geschnitten, frittiert und mit einer frischen sizilianischen Zitronenscheibe und etwas geriebenem Caciocavallo-Käse in einem Brötchen serviert.

BRIXTON MARKET, LONDON, GROSSBRITANNIEN

Schweinsschwänzchen

Mit gerösteten Schweinsschwänzchen bereitet man in vielen Gegenden Asiens Suppen und Fonds zu.

BANGKOK, THAILAND

Schweinsmagen

Schweinsmagen kommt zwar vorwiegend in der asiatischen Küche zum Einsatz, wurde jedoch auch in der deutschen Küche verwendet. Gebraten und mit Schweinefleisch, Gemüse, Kräutern und Gewürzen gefüllt bereiteten die Bauern daraus den (spätestens seit Helmut Kohl) legendären *Saumagen* zu. Das Gericht hat deutsche Auswanderer auf ihrem Weg in die Neue Welt begleitet, wo es als *Stuffed hog maw*, gefüllter Hausschweinsmagen, bekannt ist.

ZUBEREITUNG

Gehackte Zwiebeln und Karotten, gewürfelte Kartoffeln, Vorderschinken, Schweinebauch und Wurstbrät vermengen und nach Belieben würzen. Die Mischung in einen Schweinsmagen füllen, diesen mit Rouladennadeln verschließen, mit etwas Brühe in einen Schmortopf geben und das Ganze zugedeckt bei mittlerer Hitze rund drei Stunden im Ofen garen. In den letzten dreißig Minuten Garzeit den Deckel entfernen, damit das Fleisch bräunt. Oder nach dem Kochen in Scheiben schneiden und in einer Pfanne rösten. Mit Sauerkraut servieren.

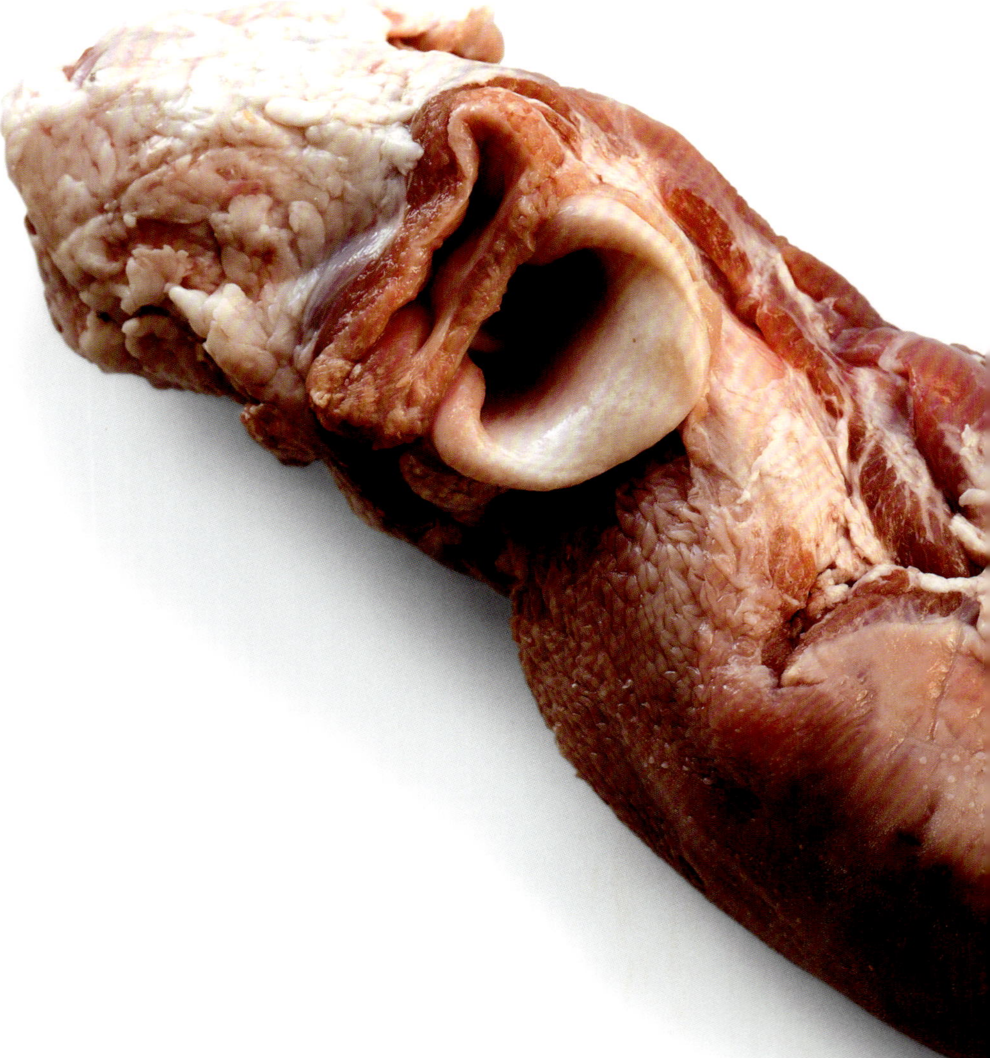

CENTRAL MARKET, CARDIFF, GROSSBRITANNIEN

Schweinszunge und Speiseröhre

Die Schweinszunge könnte zwar ebenso gut aus der Biologiestunde wie aus der Küche stammen, unterscheidet sich aber kaum ihren Schaf- und Ochsenvarianten (siehe Seite 118 und 122) – außer dass man sie oft mit noch anhängender Speiseröhre bekommt. Man kann sie in Eintöpfen verwenden oder zusammen mit Schweinsbacken in Cidre schmoren.

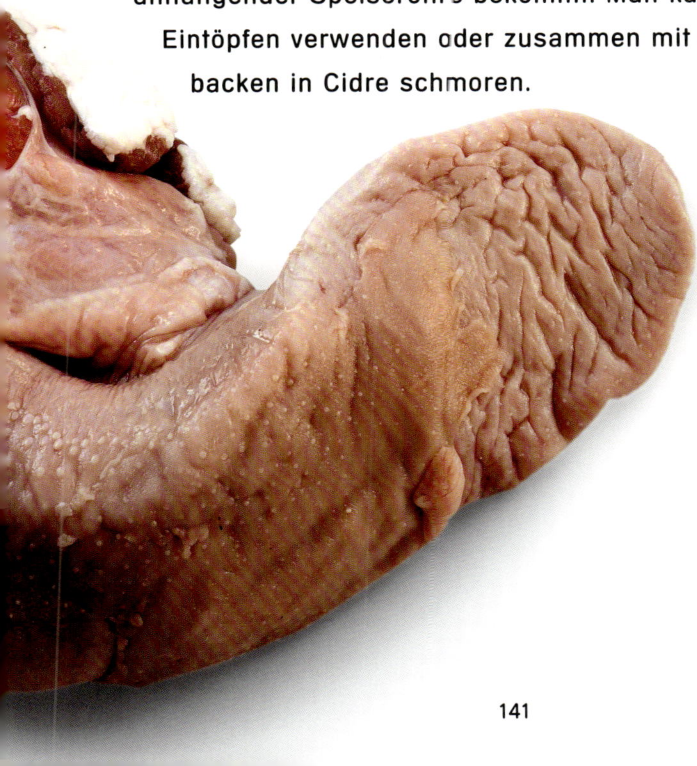

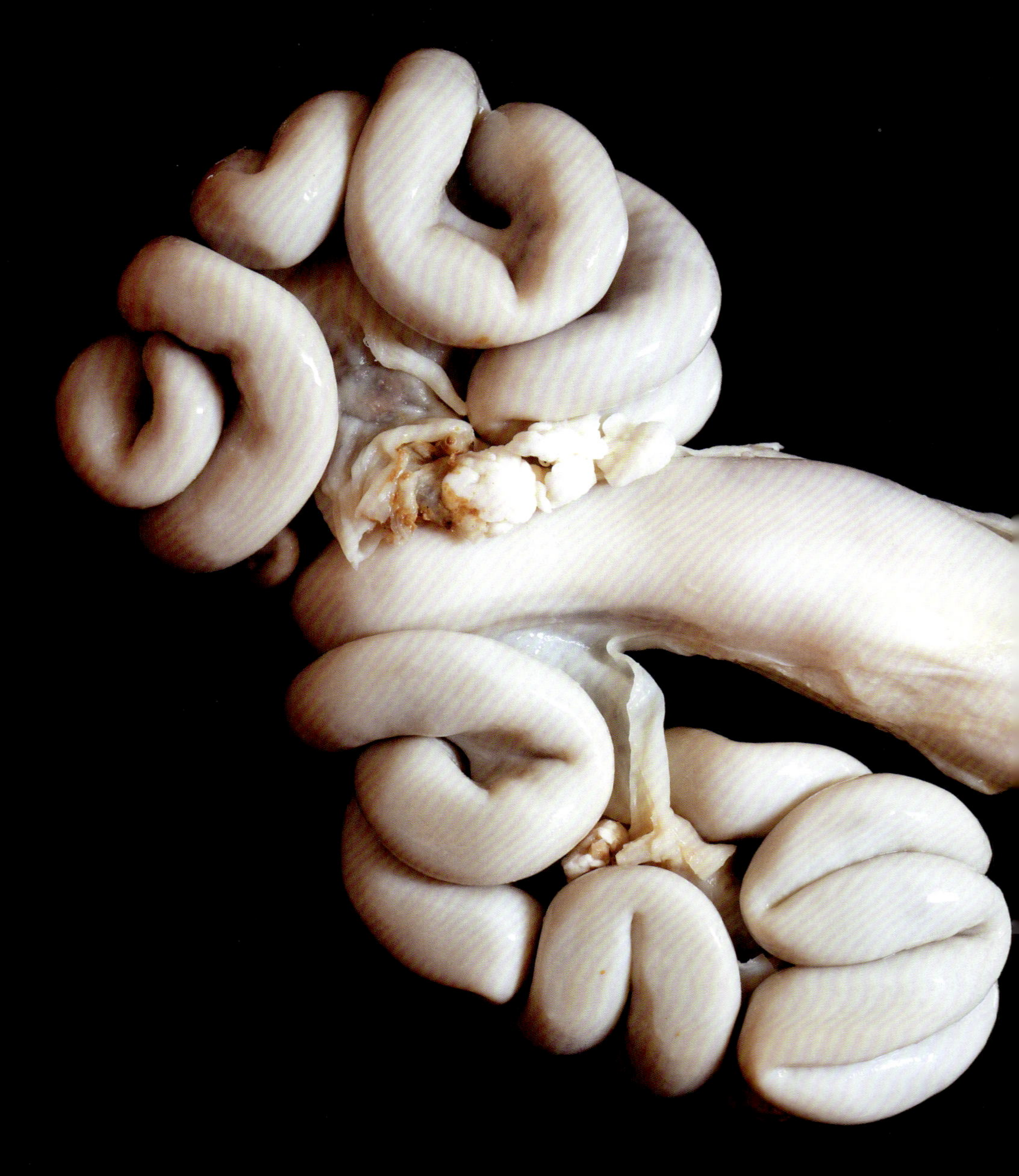

BANGKOK, THAILAND

Gebärmutter vom Schwein

Wer nicht gerade Medizin studiert hat, ist meist auf Übersetzung angewiesen, wenn er wissen will, was er da abgepackt in Asien – vor allem in China und auf den Philippinen – zu kaufen bekommt. Das Ganze riecht ein bisschen wie nasser Hund und wird vor dem Kochen oft mit anderen Zutaten gefüllt, etwa mit Hackfleisch, Gemüse und Gewürzen.

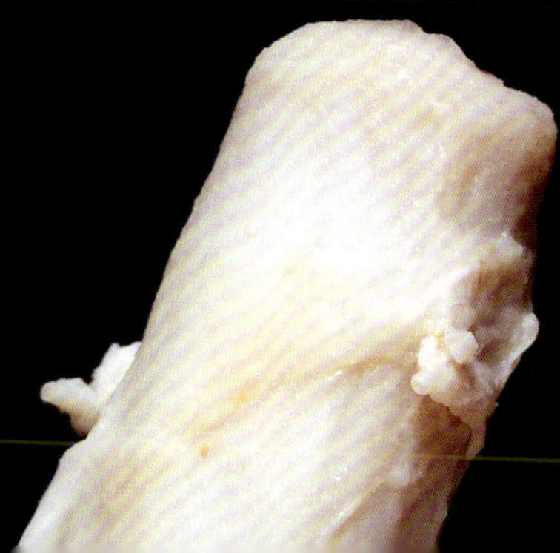

DEPTFORD MARKET, LONDON, GROSSBRITANNIEN

Kaninchen

Manche Menschen können Kaninchen nicht essen, da es sie zu sehr an den Kuschelfreund aus Kindertagen erinnert. Doch muss man zugeben, dass es sich dabei um eine wahre Köstlichkeit handelt. Das hocharomatische, eiweißreiche und fettarme Fleisch wird in vielen Teilen der Welt verzehrt, besonders gern in Europa und Südamerika. Auf Malta ist Kaninchen praktisch das Nationalgericht; dort reicht man es zu Nudeln, genießt es als traditionellen Eintopf oder in der gehobenen Küche mit Backpflaumen. Das Fleisch des weiblichen Tieres soll übrigens hochwertiger sein als das des männlichen.

VIENTIANE, LAOS

Ratte

Gemeinsam mit Spinnen und Hunden rangieren Ratten in der Ekelliste vieler Leute an oberster Stelle. Dieses geräucherte Exemplar war Teil eines Rattenpaars, das ich einer alten Dame am Rand einer Straße in Vientiane, Laos, abkaufte. Als ich mit ihr über den Preis zu verhandeln begann, fand sie das völlig natürlich. Und nein, ich habe die Ratten nicht probiert.

Dennoch werden Ratten in ganz Südostasien verzehrt, ebenso wie im nordostindischen Bundesstaat Bihar: Bei den Musahar stehen Feldratten nicht nur traditionellerweise auf dem Speiseplan, sie werden mittlerweile auch kommerziell gezüchtet.

Bevor Sie nun aber im nächstgelegenen Abwasserkanal auf Rattenjagd gehen: Ratten vom Land ernähren sich wesentlich gesünder als ihre Verwandten in der Stadt.

DEPTFORD MARKET, LONDON, GROSSBRITANNIEN

Schafskopf

Als Augenschmaus würde man diese spezielle Delikatesse wohl nicht bezeichnen, doch Mägen rund um den Globus entscheiden anders, und in Asien, Afrika, dem Mittleren Osten sowie in Island und Skandinavien wird Schafskopf gerne gegessen. In Norwegen, genauer gesagt in Voss, einer kleinen Stadt im Südwesten des Landes, sind die Einwohner regelrecht versessen auf *Smalahove* (geräucherten Schafskopf) und lassen von dem Leckerbissen nur die Knochen übrig: Wie auch beim Ziegenkopf (siehe Seite 108) gelten die Augen als kulinarischer Höhepunkt des Gerichts.

EAST STREET MARKET, LONDON, GROSSBRITANNIEN

Schafsherz

Gefülltes und gebratenes Schafsherz hatte ich in meiner Kindheit oft auf dem Teller, und ich esse es heute noch gern. Wie alle Innereien ist auch das Schafsherz leicht verderblich und sollte möglichst frisch zubereitet werden.

REZEPT

Gefüllte Schafsherzen, für 4–5 Personen

Zutaten: 2 Schafsherzen; 1 kleine Zwiebel, gehackt; 1 Scheibe Schinkenspeck, gehackt; 4 EL Semmelbrösel; 1 EL Rindertalg; etwas Rinderfond; 1 TL Petersilie, gehackt; abgeriebene Schale von $^1/_2$ Zitrone; 1 Ei, verquirlt

Die Herzen waschen und von Blutgefäßen und Knorpeln befreien. Zwiebel und Schinkenspeck andünsten, restliche Zutaten hinzufügen und das Ganze mit dem verquirlten Ei vermengen. Die Mischung in die Schafsherzen füllen, die Herzen zunähen. Mit etwas Fond in eine feuerfeste Form legen und bei 180 °C etwa zwei Stunden im Ofen garen. Dabei oft mit Garflüssigkeit begießen. Mit dem Bratensaft und rotem Johannisbeergelee servieren.

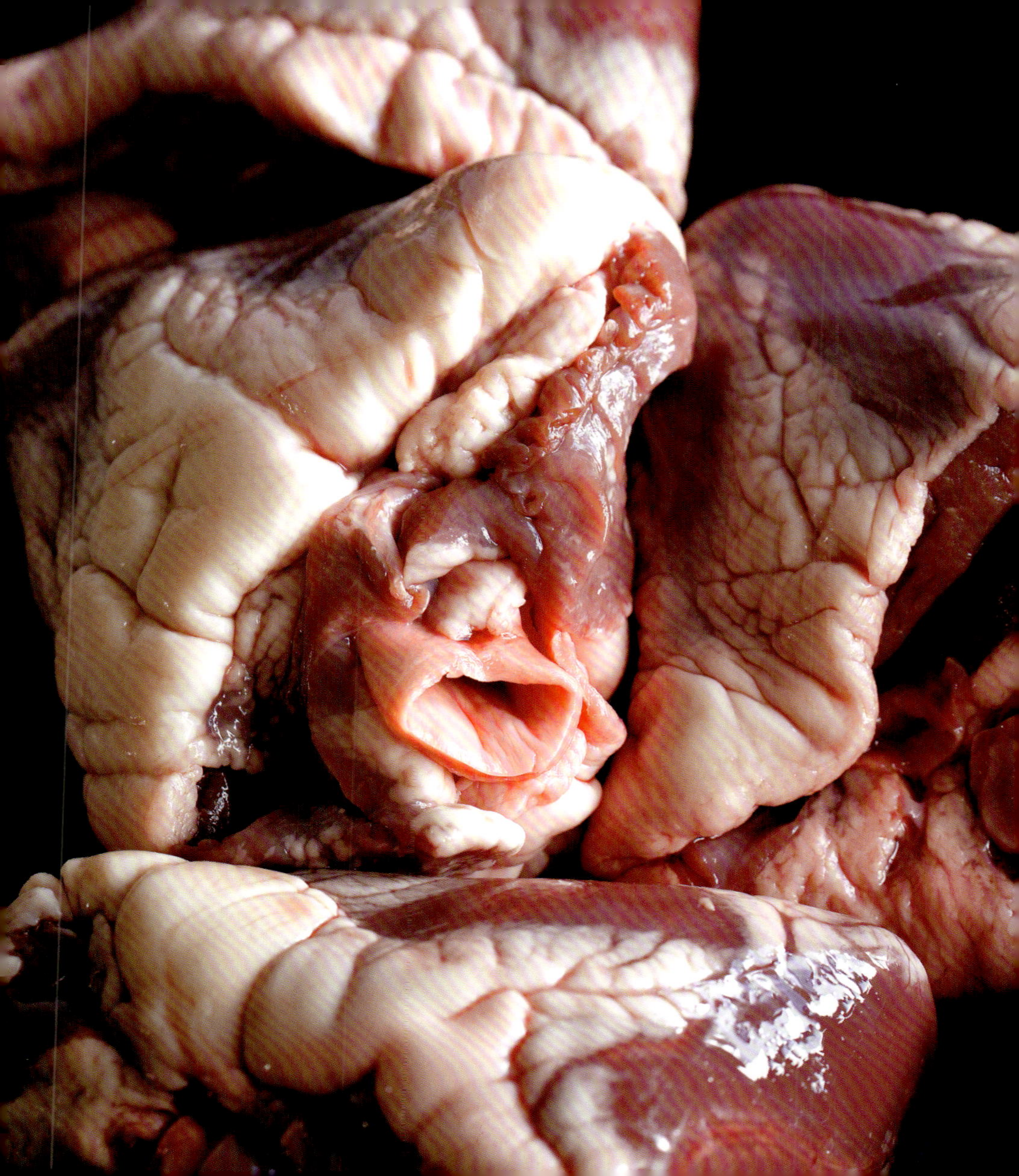

DONG-HUA-MEN-NACHTMARKT, PEKING, CHINA

Schafspenis am Spieß

Der Garvorgang verringert zwar den Umfang dieses Snacks (im Rohzustand sieht man ihn gegenüber), doch kommt es, wie so oft im Leben, ja nicht auf die Größe an, sondern darauf, was man damit macht. Und was die Chinesen damit machen, ist klar: Sie essen ihn.

EAST STREET MARKET, LONDON, GROSSBRITANNIEN

Kutteln

Der Name sagt schon alles, zumindest im Englischen, wo Kutteln *Tripe* heißen, was so viel wie »Schund« oder »Mist« bedeutet. Für mich sind Kutteln allerdings das unangefochtene Lieblingsgericht meiner Kindheit. Normalerweise stammen sie aus dem Magen einer Kuh, können aber auch von Ochse, Schaf, Ziege oder Schwein sein. Rinderkutteln setzen sich für gewöhnlich nur aus den ersten drei Mägen des Tiers zusammen, insgesamt hat es vier. Die sogenannten Bienenwabenkutteln, die hier abgebildet sind, bestehen allerdings nur aus dem zweiten Magen, dem Netzmagen. Meiner Erfahrung nach legen die meisten Menschen ihren Abscheu gegenüber Kutteln ab, sobald sie ein entsprechendes Gericht probiert haben.

ZUBEREITUNG UND SERVIERVORSCHLAG

Kutteln mit Zwiebeln und einem Lorbeerblatt in Milch pochieren und mit Kartoffelbrei servieren. Besser ist es aber, man besorgt sich ein Rezept zu *Tripes de Caen*.

WÜRZIGE ECHSEN

VIENTIANE, LAOS

Gegrillte Flussfrösche

PHNOM PENH, KAMBODSCHA

Frösche im Backteig

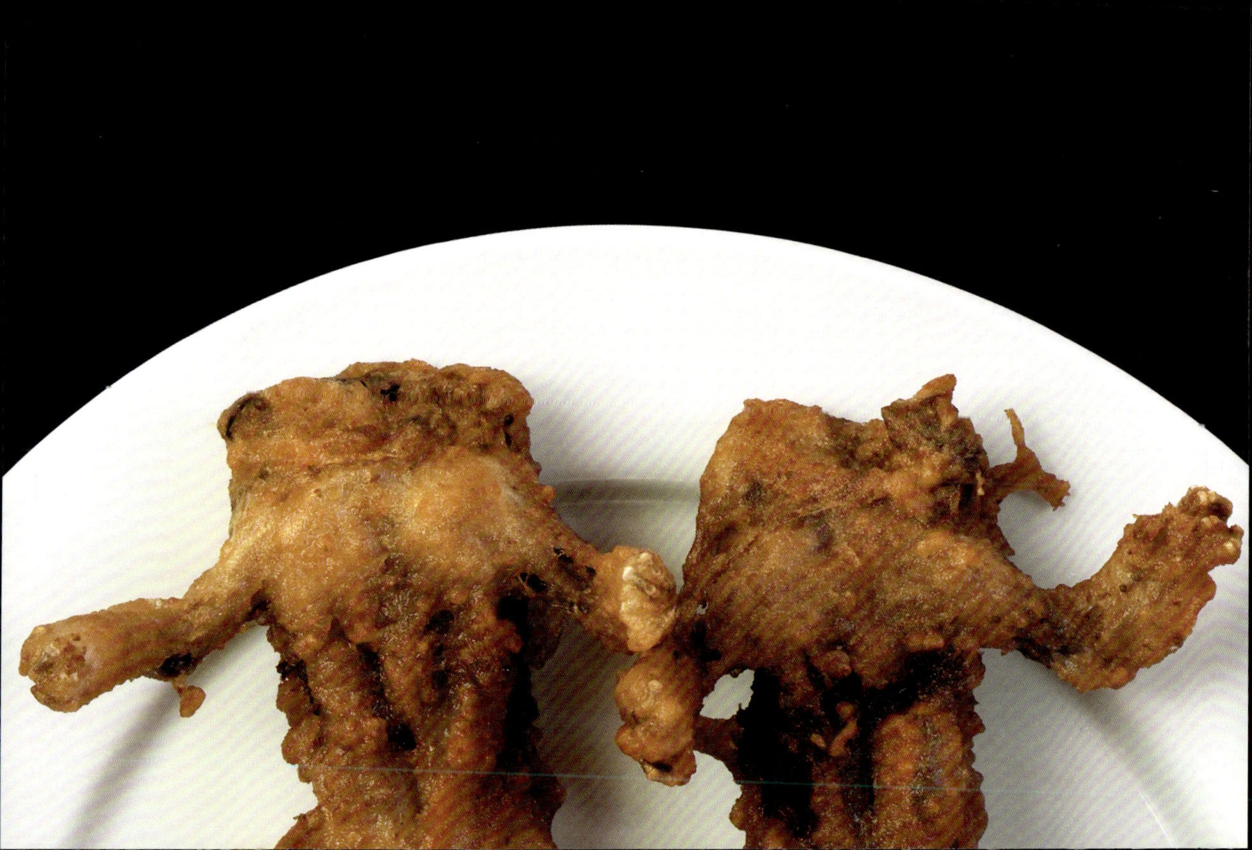

BANGKOK, THAILAND

Krokodildörrfleisch

Krokodildörrfleisch, die exotische Alternative zur Rindfleisch-variante, isst man in Thailand, Südafrika und China.

PHNOM PENH, KAMBODSCHA

Frittierte Flussfrösche

Die knusprigen kleinen Schönheiten erinnern zwar nicht nur an ein Ballett, sondern auch irgendwie an Pompeji, sind aber in ganz Südostasien ein beliebter Snack.

JAGALCHI-FISCHMARKT, BUSAN, SÜDKOREA

Getrocknete Frösche

Sie könnten auch in einem Science-Fiction-Film mitspielen, doch in Südkorea kommen getrocknete Frösche in den Suppentopf.

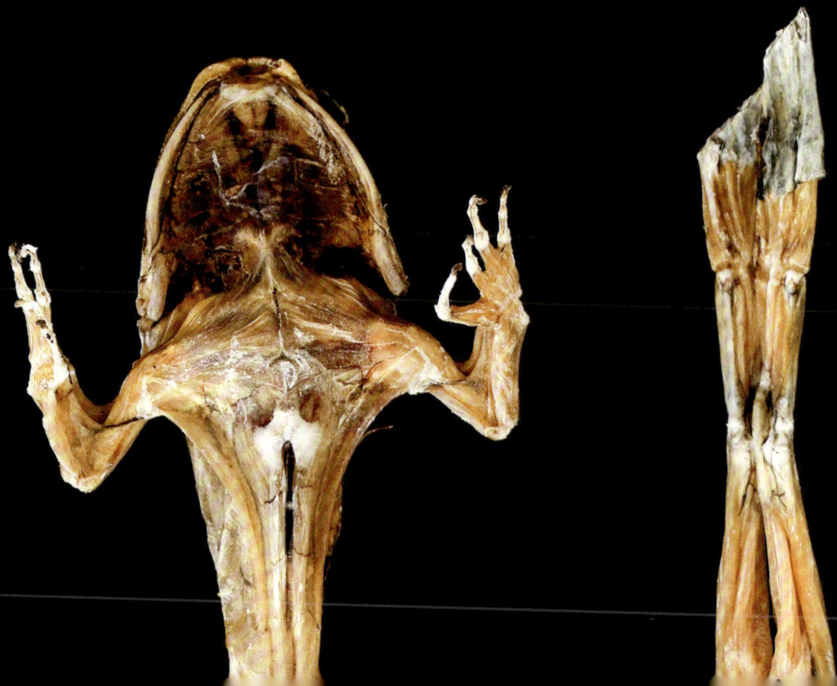

PHNOM PENH, KAMBODSCHA

Getrocknete Flussschlange

Diese farbenprächtigen Exemplare kann man auch als gerollte kambodschanische Brühwürfel bezeichnen, denn sie dienen vor allem als Suppengrundlage.

PHNOM PENH, KAMBODSCHA

Schlange am Spieß

Dazu kann man eigentlich nur sagen: Hier bekommt man, was man bezahlt hat.

Froschgrütze

In westlichen Ländern würde man dieses Gericht nicht unbedingt als traditionelles Frühstück erachten, in Teilen Südostasiens aber ist Froschgrütze so beliebt, dass sogar einige Restaurants nach dem Gericht benannt wurden. In einem dieser Restaurants in Singapur wurde ich von einem heftigen tropischen Gewitter überrascht, als ich gerade eine Schale Froschgrütze auf der Terrasse fotografierte. Wie es für die freundlichen Menschen in dieser Region typisch ist, rannte augenblicklich das beflissene Personal nach draußen und schaffte den Tisch mitsamt Grütze und meinem improvisierten Fotostudio ins Trockene. Bevor ich auch nur danke sagen konnte, waren alle schon wieder bei ihrer Arbeit.

Froschgrütze wird normalerweise mit Frühlingszwiebeln und Chilisauce serviert. Der Preis des Gerichts bemisst sich an der Anzahl der bestellten Schenkel. Während das Froschfleisch so zart ist, dass es fast vom Knochen fällt, ist der Geschmack der Grütze eher gewöhnungsbedürftig.

PHNOM PENH, KAMBODSCHA

Froschschenkel

Diese traditionelle Spezialität der französischen Küche wird heute auch in anderen Teilen Europas sowie in Asien, in Nord- und Südamerika gegessen. Alan Davidson merkt im *Oxford Companion to Food* an, dass viele der in Frankreich verzehrten Froschschenkel aus anderen Ländern importiert werden. Jahrelang war der Hauptlieferant Indien, der Handel wurde jedoch verboten, als die schwindenden Froschpopulationen zu Insektenplagen führten. Heute importieren europäische Länder tiefgefrorene Froschschenkel aus dem weit entfernten Japan. Auf asiatischen Märkten wird der Froschverkauf immer von zwei Leuten betrieben: Einer enthauptet das Tier mit einer Machete und häutet es (siehe Seite 10), der andere tütet es ein und verkauft es. Doch damit ist das Schauspiel noch nicht zu Ende. Die vom Körper abgetrennten Schenkel zucken noch eine Weile weiter und erschrecken dadurch ahnungslose Touristen wie professionelle Food-Fotografen gleichermaßen.

CHINATOWN, BANGKOK, THAILAND

Getrocknete Eidechse

Im Westen gilt Hühnersuppe traditionellerweise als Genesungsgericht, in China verwendet man stattdessen getrocknete Eidechsen. Die Tiere finden sich in Läden für Heilmittel der Traditionellen Chinesischen Medizin in ganz Asien und werden oft paarweise verkauft – ein Männchen und ein Weibchen. Um die besten therapeutischen Wirkungen zu erzielen, soll man Herrn und Frau Eidechse gemeinsam kochen.

LE MAT, HANOI, VIETNAM

Schlangenfrühlingsröllchen

Die Restaurants im kleinen Le Mat, einem Vorort von Hanoi, haben sich auf eine Grundzutat spezialisiert: Schlangen. Nahe gelegene Schlangenfarmen sorgen dafür, dass sich die unternehmungslustigen Küchenchefs des Ortes viele kreative Menüs ausgedacht haben, die alle nur aus dieser einen zischelnden Lebensform bestehen. Beim alljährlich stattfindenden Le-Mat-Schlangenfest, aber nicht nur dort, kann man Aperitifs aus Schlangenwein, Schlangenkuchen, knusprige Schlangenhaut, gegrillte Schlangen und natürlich Schlangenfrühlingsröllchen probieren. Dekoriert wird das Büfett von riesigen Gläsern mit eingerollten und in Schnaps eingelegten Schlangen. Da Schlangenfleisch relativ fett ist, empfiehlt man Schlangenwhisky (siehe Seite 180) als Digestif.

HANOI, VIETNAM

Schlangenwhisky

Schlangenwhisky findet man in Flaschen unterschiedlichster Formen und Größen in fast allen Läden und Garküchen Asiens, vom winzigen Marktstand bis hin zu den Spitzenrestaurants und -bars. Wo auch immer man das hochprozentige Getränk bekommt, angepriesen wird er immer mit dem gleichen Spruch: »Macht stark, Sir. Macht stark!« Ob das stimmt, sei dahingestellt – viele aber scheinen daran zu glauben, denn das Produkt gibt es immer noch und es findet auch Absatz. Und wenn Sie keine Schlangen in Alkohol mögen – die Skorpionvariante (siehe Seite 34) ist dann möglicherweise mehr nach Ihrem Geschmack.

DONG-HUA-MEN-NACHTMARKT, PEKING, CHINA

Schlangenhaut am Spieß

GEFLÜGELTE SPEZIALITÄTEN

SINGAPUR

Schwarzhäutiges Huhn

Um sich so etwas auszudenken, bedarf es schon einiger Fantasie. Das Seidenhuhn, wie es auch genannt wird, ist einzigartig unter den Hühnern. Seinen Namen verdankt es dem flauschigen und in vielen Farben vorkommenden Gefieder. Dieses Huhn weist eine Reihe von anatomischen Besonderheiten auf: Es hat blaue Ohrläppchen, fünf Zehen statt der bei Hühnern üblichen vier und eine außergewöhnliche bläulichschwarze Haut. Das sanfte und umgängliche Tier wird oft bei Geflügelmessen ausgestellt. Als Nahrungsmittel wird das Seidenhuhn in ganz Asien geschätzt, insbesondere wegen seines aromatischen, an Wild erinnernden Geschmacks. In China schreibt man ihm darüber hinaus therapeutische Eigenschaften zu und verwendet es insbesondere für Suppen. Andernorts wird es geschmort oder kommt als Curry auf den Tisch. Im Westen hat man sich lange davor gescheut, das Seidenhuhn in die Küche zu holen, doch steigt auch hier die Nachfrage, insbesondere in asiatischen Enklaven.

HANOI, VIETNAM

Blutsuppe

Schon bei dem Wort »Blut« dreht sich vielen Menschen der Magen um, und in Verbindung mit »Suppe« steigert sich diese Erscheinung noch. Dennoch taucht Blut in der einen oder anderen Form schon seit Jahrhunderten regelmäßig als Zutat in der Küche auf – wenngleich nicht so offensichtlich wie in der erwähnten Blutsuppe *Tiet canh*, einem traditionellen vietnamesischen Gericht, das aus Entenblut zubereitet wird. Man bekommt die Suppe an Marktständen, an denen man auch jedes andere Teil dieser Tiere feilbietet. Man isst sie frisch, meist mit ein paar Erdnüssen bestreut. Reste werden für die Zubereitung von *Entenblutpudding* (siehe Seite 191) verwendet.

BANGKOK, THAILAND

Hühnerblutpudding

HANOI, VIETNAM

Entenblutpudding

PHNOM PENH, KAMBODSCHA

Hühnerfüße

Suchte man nach einem asiatischen Gegenstück für den Döner, diesen ziemlich üppigen Snack, den man hierzulande häufig spät nachts nach dem Genuss von Alkohol verzehrt, fallen einem frittierte Hühnerfüße ein, die in ganz Asien mit etwas Salat auch nachts an Marktständen verkauft werden. Eigentlich begegnet man Hühnerfüßen in zahlreichen Küchen der Welt, darunter der chinesischen und vielen südostasiatischen, aber auch der jamaikanischen, peruanischen und südafrikanischen. Je nach Landessitte werden sie gedämpft, gekocht, gegrillt oder in der Suppe serviert; man kann daraus auch eine ausgezeichnete Hühnerbrühe zubereiten. Da sie jedoch hauptsächlich aus Haut, Knorpeln und Sehnen bestehen, sind auch sie etwas gewöhnungsbedürftig.

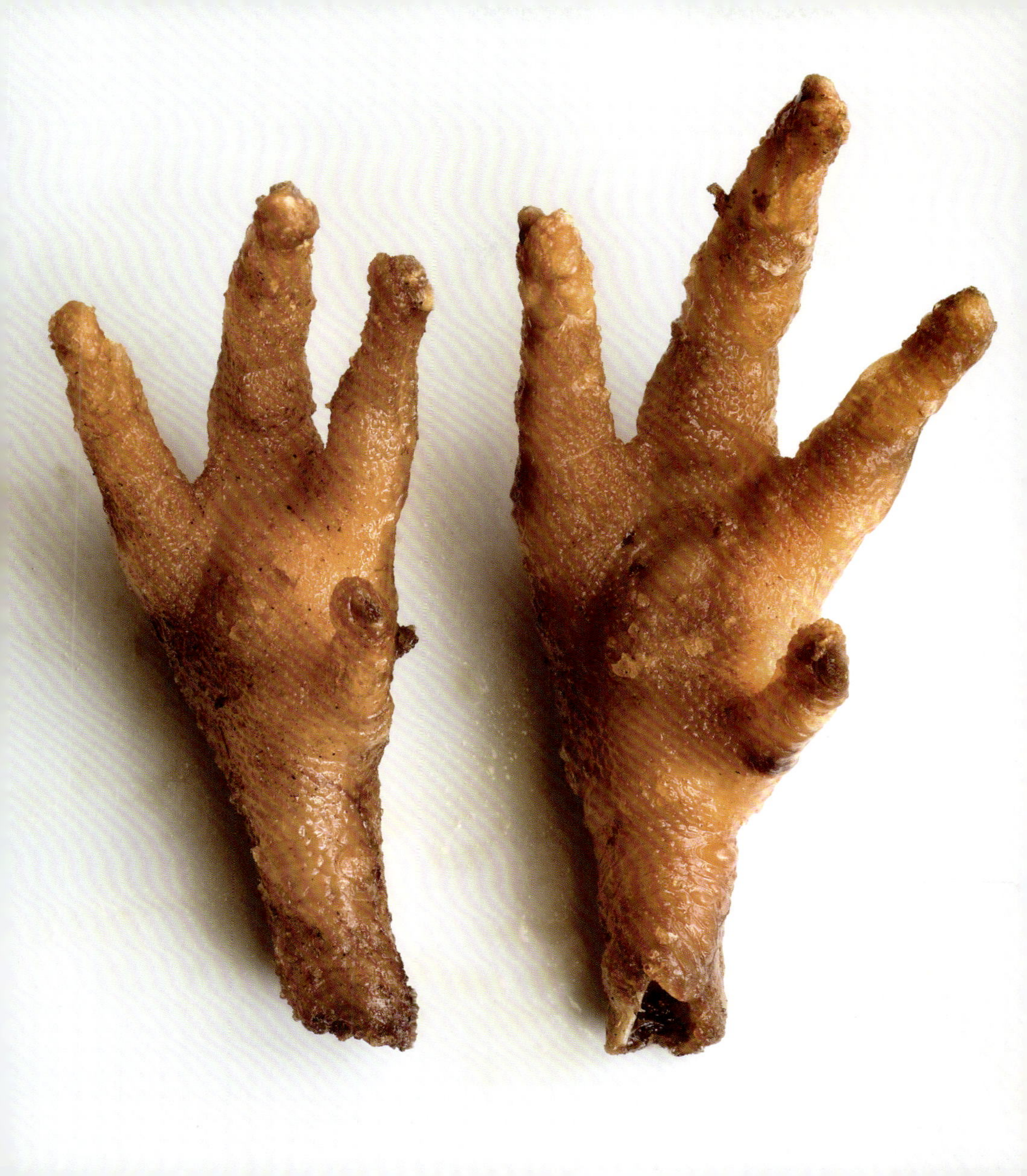

DONG-HUA-MEN-NACHTMARKT, PEKING, CHINA

Hühnermuskelmagen

Gegrillter Hühnermuskelmagen ist in ganz Südostasien als Straßensnack beliebt. In anderen Teilen der Welt verwendet man ihn zur Zubereitung von Suppen, Aufläufen und Currys. In Potterville, Michigan, ehrt man ihn sogar mit einem alljährlichen »Hühnermuskelmagenfest«.

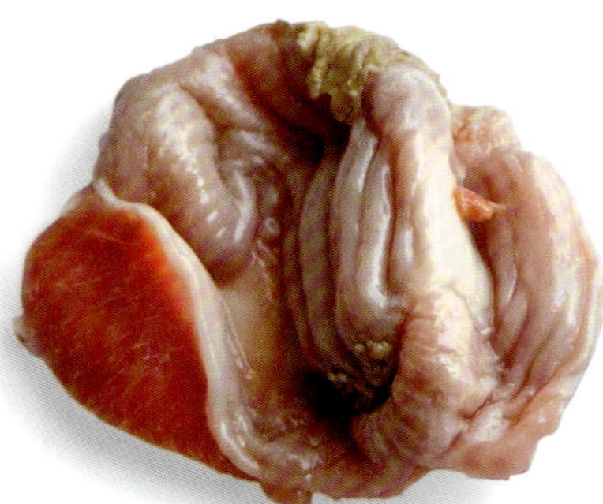

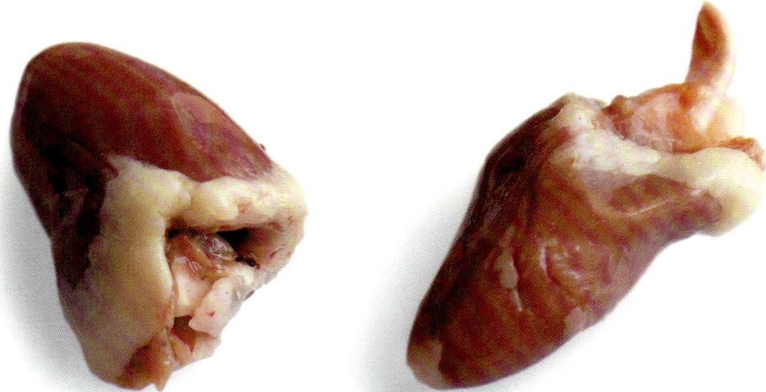

DONG-HUA-MEN-NACHTMARKT, PEKING, CHINA

Hühnerherzen

Hühnerherzen sind wahre Kraftpakete an Eiweiß, Vitaminen und Mineralstoffen. Die Leckerbissen – hier einmal roh und einmal frittiert und mit Chiliflocken gewürzt abgebildet – haben von Natur aus eine mundgerechte Größe und werden auf der ganzen Welt in unterschiedlicher Zubereitung gegessen.

EAST STREET MARKET, LONDON, GROSSBRITANNIEN

Hahnenkamm

Aus der italienischen Küche und insbesondere aus dem *Cibrèo*, einer traditionellen Sauce, ist der Hahnenkamm (siehe gegenüber) nicht wegzudenken. In Frankreich kommt er als Garnierung zum Einsatz.

SINGAPUR

Hühnerköpfe

Würzig gegrillte Hühnerköpfe sind ein beliebter Snack in Südostasien. Viel Fleisch ist nicht dran, es geht also eher ums Nagen, Knabbern und Lutschen.

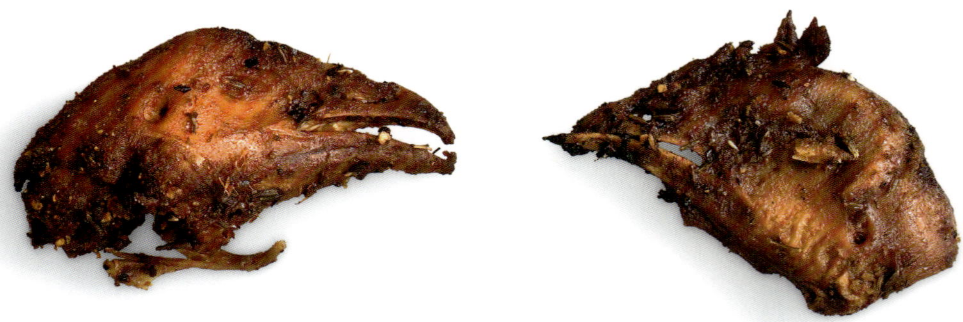

OR-TOR KOR-MARKT, BANGKOK, THAILAND

Gegrillte Entenzunge

BANGKOK, THAILAND

Enteninnereien

Wenn Sie sich von der Farbe nicht abschrecken lassen, dann vielleicht vom Geruch: Diese Portion Enteninnereien, die man im Supermarkt fertig abgepackt gleich mit einem Beutelchen Orangensauce bekommt, hat ein etwas, nun ja, eigenes Aroma. Man isst sie außer in Thailand auch in mehreren anderen Ländern Südostasiens und verwendet sie häufig zur Zubereitung von Suppen. In China-restaurants bekommt man sie manchmal geschmort und als Teil eines ganzen Entenmenüs. So ein festliches Menü besteht aus bis zu dreißig verschiedenen Entengerichten.

BANGKOK, THAILAND

Entbeinte Entenfüße

Diese halb durchsichtige und zerbrechlich wirkende Extremität stammt aus einem vielbesuchten thailändischen Supermarkt, in dem die Entenfüße packungsweise verkauft werden. Auch in China isst man sie gern, etwa in *Dim sums* (kleinen Gerichten) oder als Alternative zu Hühnerfüßen (siehe Seite 192).

ZUBEREITUNG UND SERVIERVORSCHLAG

Entenfüße mit ein paar Frühlingszwiebeln und etwas Reiswein in Wasser blanchieren. Zwiebeln und Douchi (fermentierte schwarze Bohnen aus dem Asialaden) andünsten, bis sie zu duften beginnen. Etwas gehackten grünen Pfeffer und gehackte rote Chilischote sowie die Entenfüße dazugeben und das Ganze unter Rühren braten. Mit Austernsauce würzen, kurz weiterbraten und servieren.

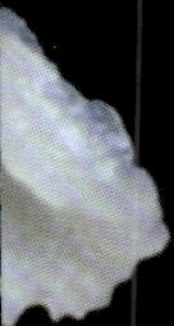

Emudörrfleisch

Ebenso wie das Känguru (siehe Seite 117) gehörte auch der inoffizielle Nationalvogel Australien zu den wichtigsten Nahrungsquellen der Aborigines. Diese rupften den Emu und nahmen ihn aus, bevor sie das Tier über dem Feuer rösteten. Heute werden Emus kommerziell gezüchtet, und das nicht nur wegen ihres Fleischs, sondern auch zur Herstellung von Leder und Öl. Aus kulinarischer Sicht stammen die besten Teile des eiweißreichen und fettarmen Fleischs vom Bein des Vogels. Emudörrfleisch ist köstlich und eine zarte Variante zum Rindfleisch. Doch es dient nicht nur dem Menschen, sondern wird auch zu Hundefutter verarbeitet.

HANOI, VIETNAM

Taube

Vietnamesen scheuen sich in der Küche nicht davor, die Dinge beim Namen zu nennen, und legen dabei oft einen erstaunlich schrägen Sinn für Humor an den Tag. Dieser geröstete Taubenkopf etwa wurde mir als Bestandteil eines würzigen Gerichts von gebratenen Tauben serviert. Der knusprige kleine Schädel lugte aus einem perfekt aufgehäuften Berg aus Reis hervor. In dieser Form hätte man den Kopf sicher auch zu einem mittelalterlichen höfischen Bankett auftragen können – zur Begeisterung der Gäste.

Taubenköpfe isst man anscheinend nur in Asien, den Rest des Tiers aber auch in einigen Gegenden des Mittleren Ostens und in Europa. 1862 erschien ein Rezept für *Taubenkompott* in einer Ausgabe von *Godey's Lady's Book*, einer damals beliebten Frauenzeitschrift in den USA.

PHNOM PENH, KAMBODSCHA

Frittierter Spatz

Diese Köstlichkeit wurde mir an demselben gruseligen Gemischtwarenstand angeboten, an dem ich auch die gebratene Vogelspinne (siehe Seite 39) und die Schlange am Spieß (siehe Seite 170) gekauft hatte. Auch hier sieht man genau, was man bekommt: einen Spatz, und zwar aus der Fritteuse. Mahlzeit!

Die winzigen Tiere werden nach Gewicht verkauft und mit einem Happs verzehrt – der perfekte Snack, aber keine vollwertige Mahlzeit. Besonders glückliche Kunden bekommen ein Exemplar, das noch aufrecht auf dem Teller steht ...

DONG-HUA-MEN-NACHTMARKT, PEKING, CHINA

Spatzen am Spieß

Wer gern Fast Food isst, das aussieht wie aus *Alien*-Filmen, sollte unbedingt einmal nach Peking reisen. Diese Vögelchen wurden zunächst auf Spieße gesteckt, bevor man sie in heißem Öl frittierte und scharf würzte.

BOROUGH MARKET, LONDON, GROSSBRITANNIEN

Waldschnepfe

Der in Teilen Europas, den Vereinigten Staaten und Japan beliebte Wildvogel wird traditionellerweise samt Innereien gebraten, denn diese verleihen dem Gericht erst seinen typischen Geschmack.

Doch nicht nur das Fleisch des Vogels ist heiß begehrt: Aus den feinen Federn werden besonders hochwertige Pinsel hergestellt, die Künstler vor allem für filigrane Arbeiten schätzen.

In Großbritannien sind die Waldschnepfenpopulationen in den letzten Jahren gesunken, was zum einen an der übermäßigen Bejagung und zum anderen daran liegt, dass der natürliche Lebensraum des Vogels immer mehr verschwindet. Deshalb setzte die Royal Society for the Protection of Birds die Waldschnepfe auf die »Gelbe Liste« der bedrohten Arten.

RESTE-ESSEN

SEOUL, SÜDKOREA

Hotdog und Pommes im Backteig

Wozu Teller oder Pappschälchen? Im südkoreanischen Seoul stellt dieser Snack am Holzstäbchen für die einheimischen Studenten die ideale Mahlzeit für unterwegs dar. Sie besteht aus einem Hotdog-Würstchen, das man durch Backteig gezogen und zusammen mit geriffelten Pommes frittiert hat. Die einzige Entscheidung, die man bei diesem Gericht noch treffen muss, lautet: mit Ketchup oder Senf?

300

CHINATOWN, BANGKOK, THAILAND

Vogelnestsuppe

Diese sagenumwobene Suppe steht heute noch in ganz Südostasien, China und asiatischen Enklaven weltweit auf dem Speiseplan und wird aus dem essbaren Nest der Weißnestsalangane zubereitet. Einzigartig daran ist, dass das Nest des Vogels vollständig aus Fäden seines eigenen Speichels besteht, die an der Luft rasch trocknen. Ursprünglich »erntete« man die Nester aus den Nisthöhlen wilder Vögel, heute legt man mehr und mehr für die Tiere Nistumgebungen an.

Vogelnestsuppe zählt zu den teuersten Gerichten der Welt, und die Kisten mit den Nestern gehen für Hunderte von Dollar über den Ladentisch. Leider ist der hohe Preis des Gerichts ausschließlich der Exklusivität der Zutaten und seinen angeblich gesundheitsfördernden Eigenschaften geschuldet – nicht etwa seinem Geschmack. Es schmeckt zwar mehr nach Suppe als die Haifischflossenvariante (siehe Seite 85), hinterlässt aber auch keinen nachhaltigen kulinarischen Eindruck.

PHNOM PENH, KAMBODSCHA

Vogelnesttonikum

Was man herstellen kann, kann man auch in Gläser abfüllen – und so handhabt man es auch mit dem Vogelnesttonikum, das als abwehrstärkend und allgemein der Gesundheit zuträglich gilt. Miniaturfläschchen mit der gesüßten und ungesüßten Variante des Tonikums sind in ganz Südostasien und China auch in 6er-, 12er- und 24er-Packs erhältlich.

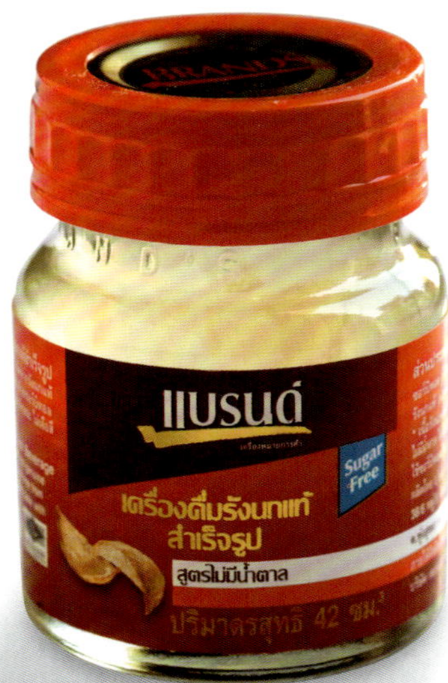

PEKING, CHINA

Tausendjährige Eier

Der Sage nach werden Tausendjährige Eier hergestellt, indem man frische Eier in Pferdeurin einlegt. Dies klingt zwar plausibel in Anbetracht des stechenden, an Ammoniak erinnernden Geruchs, ist aber unrichtig, denn eigentlich werden für diese Spezialität Enten- oder Hühnereier in einer Mischung aus Lehm, Asche, Salz, Kalk und Reishülsen oder Stroh mariniert, und dies einige Monate lang, keine tausend Jahre. Das Ergebnis ist einmalig auf der Welt: Aus dem Eigelb wird eine dunkelgrüne, schleimige Masse, aus dem Eiweiß eine Art dunkelbraunes, durchsichtiges Gelee.

Tausendjährige Eier werden fast überall in Asien angeboten und auch gern gegessen: entweder pur oder als Zutat in anderen Gerichten, etwa der *Tausendjährige-Eier-Grütze*, in der die Eier mit Hühnerfleisch und Reis vermengt werden.

CHINATOWN, BANGKOK, THAILAND

Chinesische Reisklößchen

Die in vielen Farben, darunter auch in Rot und Pink, erhältlichen platt gedrückten Klößchen werden mit Fleisch und/oder Gemüse gefüllt und ähneln einer anderen Art chinesischer Klöße, den *Jiaozi*. Normalerweise werden sie mit einer dünnen Schicht Reismehl paniert.

DONG-HUA-MEN-NACHTMARKT, PEKING, CHINA

Knusprige Vogelnester

Dieses frittierte Fast-Food-Produkt wird angeblich aus den gleichen Vogelnestern hergestellt wie die Vogelnestsuppe (siehe Seite 219). Der relativ niedrige Preis für die knusprigen Knabbereien lässt allerdings darauf schließen, dass diese Behauptung mehr mit einer Marketingstrategie als mit der Wahrheit zu tun hat.

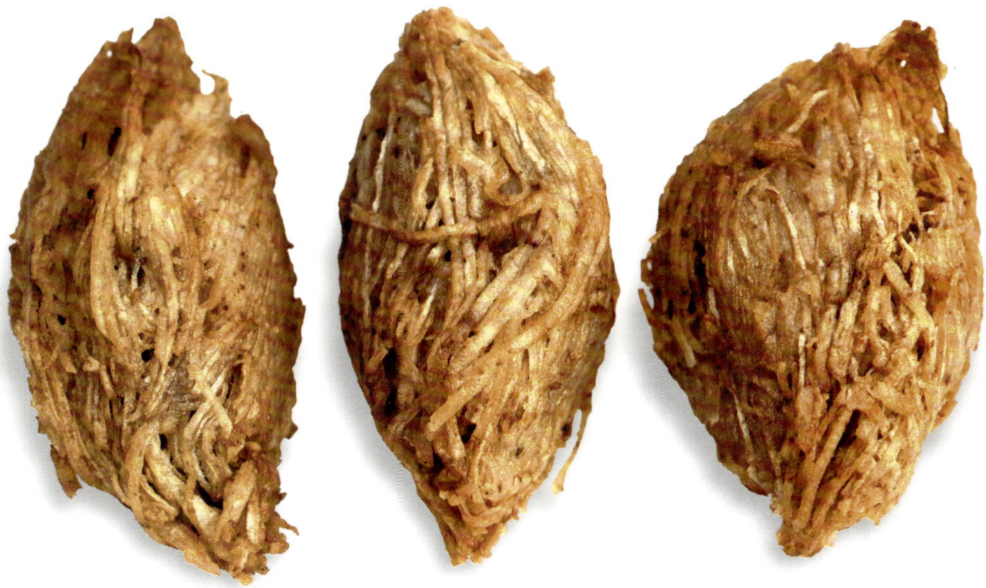

SCHOTTLAND, GROSSBRITANNIEN

Frittierter Schokoriegel

Viele glauben, dass der frittierte Mars-Riegel lediglich ein urbaner Mythos sei, aber es gibt ihn wirklich. Das kalorienschwere Dessert ist der jüngste Renner in vielen schottischen Fish-and-Chips-Shops und wird aus einem Mars-Riegel zubereitet, den man mit Backteig umhüllt und frittiert.

Einen zimmerwarmen Mars-Riegel, kalten Backteig und heißes Fett miteinander in Einklang zu bringen ist allerdings gar nicht so einfach – versuchen Sie es bitte nicht zu Hause. Wie knusprig oder klebrig das Ganze wird, hängt von der Frittierzeit ab. Um für Abwechslung zu sorgen, bereiten die Schotten mittlerweile auch andere Lebensmittel auf diese fettintensive Weise zu, darunter Pasteten, Pizza und das englische Pendant der Mozartkugel.

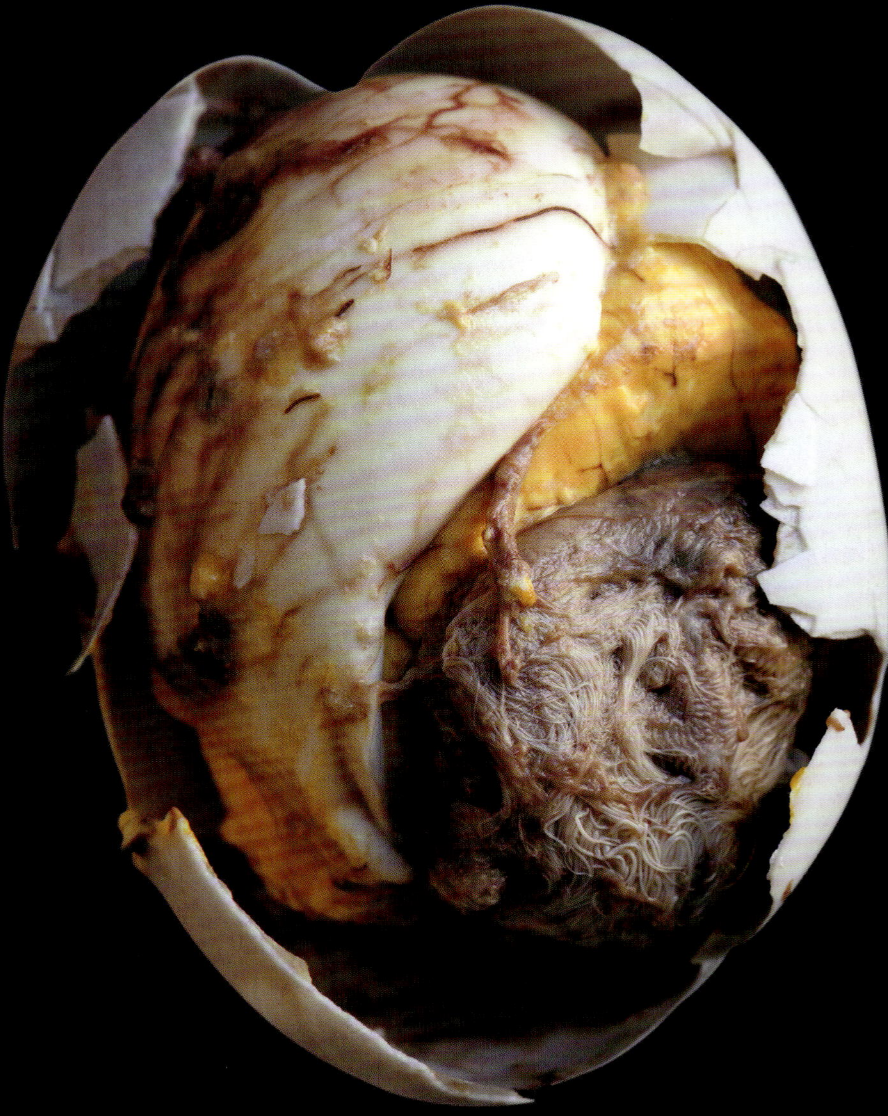

PHNOM PENH, KAMBODSCHA

Balut

Wenn Ihnen beim Gedanken an ein Entenembryo (ein paar zerbrechliche Knöchelchen mit Federchen) das Wasser im Munde zusammenläuft, sollten Sie unbedingt einmal *Balut* probieren. Für viele Menschen in Südostasien, insbesondere auf den Philippinen, ist ein befruchtetes, bebrütetes Entenei *der* Straßensnack par excellence. Das Küken-Ei gilt weithin als Aphrodisiakum und wird gegessen, wie es ist, lediglich vielleicht mit einer Prise Salz verfeinert. Zuerst bohrt man ins obere Ende des Eis ein Loch, dann schlürft man das Flüssige heraus, und schließlich widmet man sich den festen Bestandteilen des ungeschlüpften Kükens. Wie alt das Ei sein sollte, hängt von der Gegend ab, in der man es verzehrt. Auf den Philippinen mag man es am liebsten, wenn es 17 Tage alt ist und Federn und Knochen noch nicht vollständig entwickelt sind. Die Vietnamesen essen die Eier gerne etwas älter, wenn der Embryo schon als Babyente erkennbar ist.

BOROUGH MARKET, LONDON, GROSSBRITANNIEN

Haggis

Während die genaue Herkunft des *Haggis* noch im Dunkeln liegt, würde nur ein Narr es wagen, seinen Status als Schottlands Nationalgericht anzuzweifeln – vor allem, wenn er sich gerade in Schottland aufhält. Im Grunde genommen besteht *Haggis* aus gehackten Schafsinnereien – darunter Herz, Magen, Milz und Lunge –, die mit Fett, Haferflocken, Brühe und Gewürzen vermengt und schließlich im Darm des Tiers gekocht werden.

Traditionellerweise serviert man *Haggis* mit »neeps and tatties«, Steck- oder Kohlrüben und Kartoffeln. Das schlichte Gericht hat sogar Dichter inspiriert: 1786 widmet ihm Robert Burns das Gedicht »The Address to the Haggis« (etwa: Ode an den Haggis), das heute noch alljährlich beim »Burns Supper«, einer Feierlichkeit zu Ehren des Poeten, rezitiert wird.

TOKIO, JAPAN

Natto

Klebrig, muffig, schleimig und mit unangenehmem Nachgeschmack: *Nattō* gilt als das traditionelle Frühstück in Japan. Das Gericht besteht aus vergorenen Sojabohnen und wird im ganzen Land verzehrt, morgens, aber auch zu anderen Tageszeiten. Es mag seine Nachteile haben – selbst einigen Japanern schmeckt es nicht –, aber sehr bekömmlich ist es allemal.

Über die Herkunft des *Nattō* sind einige Sagen in Umlauf. Eine davon besagt, dass es Soldaten im mittelalterlichen Japan zufällig erfunden hätten, als sie vor der Flucht frisch gekochte Sojabohnen in Strohsäcke packten. Als sie die Säcke einige Tage später öffneten, stellten sie fest, dass die Bohnen zu gären begonnen hatten, aßen sie aber trotzdem.

Heute wird *Nattō* in kleinen Styroporbehältern verkauft, meist mit einem Beutelchen Sojasauce oder anderen Gewürzen; dazu genießt man Reis oder rohe Wachteleier.

BANGKOK, THAILAND

Gesalzene Enteneier

In Salzlake oder gesalzene Holzkohle eingelegte Enteneier gehören in China quasi zu den Grundnahrungsmitteln und werden dort überall verkauft. Im Allgemeinen werden die Eier gekocht oder gedämpft, bevor man sie als Würzmittel für andere Gerichte verwendet. Der Konservierungsprozess führt zu einem sehr salzigen Eiweiß und einem aromatischen, strahlend orangeroten Eigelb. Letzteres kommt häufig auch in chinesische Mondkuchen und symbolisiert dort den Mond.

Die gesalzenen Eier stammen zwar ursprünglich aus China, werden aber heute in vielen Ländern Südostasiens zubereitet, etwa in Thailand, Malaysia und auch auf den Philippinen. Produzierte man sie im Westen, müssten sie sicherlich mit einem Warnhinweis des Gesundheitsministeriums versehen werden: »Ein siebzig Gramm schweres Ei enthält mehr als die empfohlene Tagesmenge an Cholesterin.«

CORNWALL, GROSSBRITANNIEN

Stargazy pie

Wörtlich übersetzt bedeutet das in Cornwall beheimatete Gericht so viel wie »Sternguckerpastete« und wird aus einem mit hartgekochten Eiern, Schinkenspeck, Zwiebeln und Senf verfeinerten Teig zubereitet, aus dem (mit Kopf oder Schwanz himmelwärts) Sardinen ragen. Über die vertikale Positionierung der Fische sind sich alle Rezepte einig, sie variieren lediglich in der Fischsorte: Anstelle von Sardinen werden mitunter auch Makrelen oder Heringe verwendet.

Der Sage nach wurde der *Stargazy pie* in dem kleinen kornischen Dorf Mousehole erfunden. Der Fischer Tom Bawcock soll es vor dem Verhungern bewahrt haben, als er trotz eines schweren Sturms auslief und mit reichem Fang zurückkehrte. Dieser Heldentat gedenken die Einwohner von Mousehole alljährlich am Tom Bawcock's Eve am 23. Dezember, wenn sie mit Laternen durchs Dorf ziehen und *stargazy pie* essen – so soll Bawcocks Fang nämlich zubereitet worden sein.

WAS MIR ENTKOMMEN IST

Jede Sammlung enthält unvermeidbar auch Lücken und der vorliegende Katalog kulinarischer Scheußlichkeiten bildet da keine Ausnahme. »Igitt!« zeigt meine ganz persönliche Auswahl an Lebensmitteln, die ich interessant und/oder fotografierenswert fand. Deshalb seien im Folgenden noch ein paar Spezialitäten aufgelistet, von denen ich während meiner Recherchen hörte, die ich aber aus dem einen oder anderen Grund nicht probieren oder fotografieren konnte: Antilope (Südafrika), Ameiseneier (Laos und Thailand), Bison (Südafrika), Wellensittich (Europa), Katze (China und Vietnam), Elefant (nördliches Thailand; wird dort aber nur gegessen, wenn das Tier eines natürlichen Todes gestorben ist), Flughund (Thailand), Honigtopfameisen (Australien), Pferd (Frankreich), Lammlunge (Europa, Mittlerer Osten und Afrika), Mäuse (Asien), Affenhirn (Afrika), Pfau (altes Rom), Papageitaucher (Island und Färöer-Inseln), Eichhörnchen (Großbritannien; allerdings nur die grauen), Lamm- oder Kalbsbries (Europa, USA und Mittlerer Osten). Vielleicht Themen für einen zweiten Band?

WEITERFÜHRENDE LITERATUR

Alan Davidson, *The Oxford Companion to Food*, Oxford (Oxford University Press) 1999

M.F.K. Fisher, *How to Cook a Wolf* [1942], New York (North Point Press) 1988

Stefan Gates, *Gastronaut*, London (BBC) 2005

Jerry Hopkins, *Extreme Cuisine*, London (Bloomsbury) 2005

Larousse Gastronomique, überarbeite Neuauflage, London (Hamlyn) 2001

Titel der Originalausgabe: *Yuck! The things people eat*
Veröffentlicht 2010 von Merrell Publishers Limited, London

Deutsche Erstausgabe

Ein Unternehmen der La Martinière Groupe
Lektorat und Satz: VerlagsService Dr. Helmut Neuberger & Karl Schaumann GmbH
Druck: Shanghai Offset Printing Products Ltd.
Printed in China

ISBN 978-3-86873-315-0

www.knesebeck-verlag.de

BILDNACHWEIS
U1: Frittierter Flussfrosch (Seite 164/165).
U4, v.l.n.r. und v.o.n.u.: Kalmar (Seite 86); Augapfel eines Schafs; Bockkäfer am Spieß (Seite 32/33); Seegurke (Seite 71); Schlange am Spieß (Seite 170/171); frittierter Spatz (Seite 208/209); Tausendjähriges Ei (Seite 222/223); Witchetty-Made am Spieß (Seite 30/31).
Titelei: Frittierter Spatz (Seite 208).
Seite 4: Roher Hühnerfuß (Seite 192).
Seite 6: Eine farbenfroh gekleidete *Azuma* (und Freundin) auf dem Jagalchi-Fischmarkt, Busan, Südkorea (Seite 54).
Seite 9: Rohe Spatzen am Spieß auf dem Dong-Hua-Men-Nachtmarkt, Peking, China (Seite 211).
Seite 10: Froschschenkel werden auf einem Markt in Hanoi, Vietnam, zum Verkauf vorbereitet (Seite 174).
Seite 13: Eine Azuma bereitet Aale auf dem Jagalchi-Fischmarkt zum Verkauf vor (siehe oben).
Seite 239: Augapfel eines Schafes.

Neil Setchfield arbeitet seit mehr als 20 Jahren als Fotograf. Er hat sich auf Reiseberichte spezialisiert, insbesondere auf solche, die etwas mit Essen zu tun haben, und hat so ziemlich jede größere Stadt der Welt besucht. Seine Arbeiten sind bislang in über 100 verschiedenen Zeitschriften und Zeitungen auf der ganzen Welt erschienen, unter anderem im *Condé Nast Traveller* und der *New York Times* sowie in Büchern, Firmenberichten und Werbebroschüren. Neil Setchfield lebt in London mit seinem Assistenten Fido, dem Hund.

Weitere Informationen finden Sie im Internet unter www.setchfield.com.

Vorschläge für andere leckere Gerichte, die Sie in diesem Buch vermissen, können Sie an neil@yuckfood.com schicken.

Das Rezept für die gedämpfte Milch vom Dorsch (Seite 49) stammt von www.seriouseats.com, das Rezept für die gefüllten Schafsherzen (Seite 150) von www.cookeatshare.com (beide wurden im Juni 2010 heruntergeladen). Weder Autor noch Verlag können für jedwede Folgen dieser Rezepte eine Haftung übernehmen.

Alle Lebensmittel in diesem Buch wurden in anerkannten Lebensmittelgeschäften und Märkten erworben. Kein Tier wurde für dieses Buch eigens gequält oder getötet.

产品说明
袁府驴肉系徐水特产。宋时漕河一带漕帮为削弱盐帮势力，俘获对方驮货毛驴宰杀食用，从而探索出独特的驴肉加工秘技，使得高蛋白，低脂肪、营养丰富的袁府驴肉别具风味，成为名吃。本品系采用正宗传统工艺加之现代灭菌保鲜技术精制而成，是馈赠亲朋、宴席佐餐、携带旅游之佳品。
配料：精鲜驴肉、大料、花椒、茴香、桂皮、鲜姜、精盐。
产品标准：Q/XJK 01
净含量：200克±9克
保质期：常温下十二个月
食用方法：开口即食，可将内袋蒸煮热食。
生产日期：见封口
批号：同生产日期
公司地址：徐水县安肃镇中孤庄营
避免刺破
内袋胀气
请勿食用
Product Directions
Yuanfu Brand Donkey Meat is a special product of Xushui County. During Song Dynasty in Caohe area," The Gang of Grain-transport" captured the donkeys which carried goods for "The Gang of salt-transport"and killed them for food,in order to weaken the forces of "The Gang of Salt-tarnsport". At the same time, they invented a unique craftsmanship of manufacture. The product has become renowned at home and abroad with its high protein, low fat and rich nourishment since then. It is made meticulously by adopting traditional craftsmanship and modern sterilization and freshkept
袁府驴肉
正宗特产
Don't Litter

Quantity
ION
INGREDIENTS:
CAMEL, SOY BEANS, WHEAT, SALT, LEMON JUICE, SPICES
Manufactured in the Northern Territory, Australia
The Territory Jerky Factory
Territory Jerky Pty Ltd
1 Milner Road

恒兴旺
TM
NATURAL JELLYFISH HEAD
イソスタソド クラゲ
香辣味
PIQUANT
海蜇头
即食
福州恒兴旺水产有限公司
FuzhouHengXingWang Aquatic Co.,Ltd.
净含量：150克 NET WT:150g

THỊT
CHÓ
SỐ 5 CHỢ GẠO (CŨ